KB266606

삶에는 건너야 할 경계가 있고 넘어야 할 문턱이 있다. 신고 있던 신발을 벗고 그 너머의 새로운 세계로 들어선다. 비록 불확실할지라도 그곳엔 늘 새로운 가능성이 기다리고 있다. 문턱 넘기는 곧 자기 변화를 위한 모험이자 도약이다. 이 책은 닫힌 삶을 넘어 열린 삶으로 안내하는 고결한 상상의 은총을 전한다. 전환과 변모를 향한 이 길 걸음은 우리 삶의 일부이고 그 연속이다.

언제부터인가 애매한 상황으로 몰아가신다고 느꼈다. 아니 본래 애매한 상황이었던 걸 알라고 설득하시는 것 같았다. 욕정과 성결 사이, 설교와 존재증명 사이, 하나님 사랑하기와 사용하기 사이에 끼인 애매함을 받아들이기로 했다. 그리하여 새벽과 황혼 사이, 잠들고 깨어남 사이, 번갈아 드나드는 밤과 낮 사이에서 '예측할 수 없는 변주'의 현실을 정밀하게 풀어내는 저자에게 깊은 우정을 느꼈다. 파커 파머의 '부서져 열리는 마음으로 애매하고 비극적인 틈새 견디기'보다 부드럽고, 스탠리 하우어워스의 '어디로 가고 있는지 모르는 채 길을 나서는 신학'보다 시적인 이 책은, 경계와 사이를 받아들이고 환대의 위험을 기꺼이 감수할 만큼 더 크신 분과 그분의 약속에 기대어 있는 '살아감의 진실'을 자비롭게 공명시킨다. 경계 위에서, 차이와 더불어, 불확실성을 견디며 살아가는 삶이 더 책임 있는 삶이라는 생각에 마음이 편히 열린다.

어떤 책은 읽는 이의 굽은 등을 가만히 다독이며 말을 건넨다. 언어를 찾지 못하고 부유하던 경험들이 저자의 깊은 시선과 섬세한 문장에 기대어 비로소 고유한 부피를 얻는다. 이 책이 그랬다. 에스더 드발은 경계와 문턱의 이미지로 안과 밖, 아침과 저녁, 과거와 미래의 사이 공간에 숨을 불어넣는다. 나 역시 오랜 시간 경계를 오가고 문턱을 밟으며 살아왔다. 그 자리의 쓸쓸함과 어디에도 온전히 속하지 못하는 감각을 안다. 그러나 동시에 빛과 그림자의 섞임과 교차를 가장 부드럽고도 선명하게 드러내는, 그 자리에서만 만날 수 있는 은총도 안다. 드발에게 경계와 문턱은 그저 넘어가는 통로가 아니다. 옛 자아가 해체되고 새로운 존재가 잉태되는 생성의 자리다. 상실이 만들어 낸 틈으로 프리즘처럼 찬란한 색감이 피어나는 자리다. 드발은 그 자리를 서둘러 지나치지 말라고, 멈추어 서서, 불확실성 속에서 신비를 마주하라고 말한다. 경계와 문턱은 그렇게 기도의 성소가 된다.

_조민아, 조지타운 대학교 신학·종교학과 교수

"문턱은 거룩한 곳이다." 이 오래된 지혜가 이 책의 전부다. 에스더 드발은 잉글랜드와 웨일즈 접경지의 경관을 읽어내면서, 경계에 선다는 것이 무엇인지를 묵상한다. 이 책이 펼쳐 보이는 풍경은 안과 밖, 빛과 어둠, 익숙함과 낯섦이 만나는 문턱, 그 위에서 변모가 일어나는 자리이다. 이 책을 읽으며 내내 교회를 생각했다. 사회 속의 교회, 교회 속의 사회. 한국 교회는 너무 오랫동안 세상을 향해 문을 활짝 열든지 굳게 닫든지, 둘 중 하나만 강조했다. 그러나 저자가 베네딕트 수도원의 문지기에게서 발견한 모습은 다르다. 한 발은 안에, 다른 한 발은 밖에 두고 서서 "데오 그라티아스, 당신이 오신 것을 하나님께 감사드립니다"라고 외치는 사람들, 뿌리를 단단히 내리면서도 열려 있는 존재, 확실성과 안정 대신 불확실성 속에서도 기꺼이 타자를 맞이하는 환대의 자리, 그곳이 교회다. 이 책은 우리에게 묻는다. 당신은 문턱에 설 준비가 되어 있는가?

_최주훈, 중앙루터교회 담임목사

경계를 살다

Living on the Border

© Esther de Waal 2011

This edition published in 2011 by the Canterbury Press Norwich
an imprint of Hymns Ancient and Modern Ltd
13a Hellesdon Park Road, Norwich, Norfolk, NR6 5DR, UK

An enlarged edition of *Living on the Border*, first published in
the UK in 2001 in the *Borders* series by the Canterbury Press
Norwich, and in America in 2004 by Morehouse Publishing
under the title, *To Pause at the Threshold*.

This Korean edition is translated and used by permission of Hymns Ancient and Modern
LTD. through rMaeng2, Seoul, Republic of Korea.

This Korean Edition Copyright © 2026 by Viator Inc., Seoul, Republic of Korea.

이 한국어판의 저작권은 알맹2를 통하여 Hymns Ancient and Modern LTD.와 독점 계약한 비아토르에
있습니다. 신 저작권법에 의해 한국 내에서 보호를 받는 저작물이므로 무단전재와 무단복제를 금합니다.

사회 속의 교회
교회 속의 사회

04

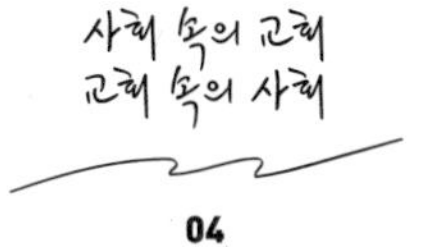

경계를 살다

문턱 경험에 대한 묵상

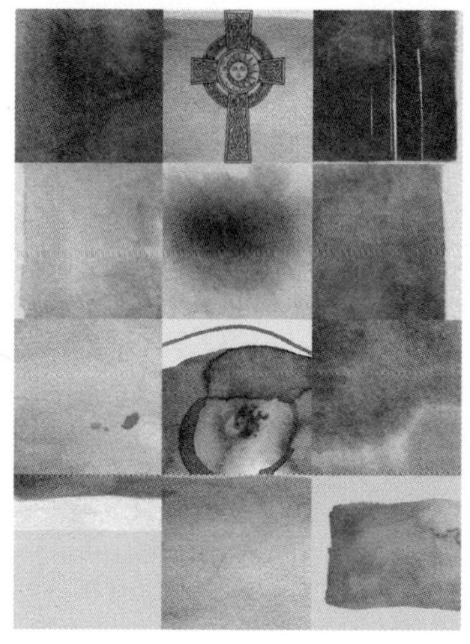

에스더 드발 | 이민희 옮김

viator

경계를 살다

에스더 드발은 잉글랜드 본토와 웨일즈의 경계에 자리한 헤리퍼드셔Herefordshire에 살고 있다. 그 지역은 그녀가 자란 곳이기도 하다. 장소에 대한 감각을 늘 소중히 여겨온 그녀는 케임브리지에서 학위를 받은 뒤, 갓 신설된 레스터Leicester 대학교 지역사학과Department of Local History의 첫 연구생이 되었다.

건축물과 경관에 대한 그녀의 관심은 베네딕트회, 시토회, 켈트 전통의 수도원 연구로 이어졌다. 현재 그녀는 정원 가꾸기와 점점 늘어나는 손주들에게 가장 많은 마음을 쏟고 있다. 그러면서도 시각적 상상력, 시적 상상력, 종교적 상상력에 대한 깊은 관심을 간직한 채 글을 쓰고, 피정을 준비하며, 강연자로서 독자들을 만나고 있다.

내 손자
아단에게

차례

경계라는 거룩한 장소
환대와 변모의 시공간

주낙현, 성공회 사제, 전례학자

"예수께서 예루살렘으로 올라가시는 길에 사마리아와 갈릴래아 사이를 지나가시게 되었다. [거기서] 나병환자 열 사람을 만났다"(눅 17:11-12, 공동번역). 복음서는 예수께서 경계가 분명하지 않은 '사이'를 걷다가, 그 어디에도 속하지 못하고 위태로운 경계 위로 쫓겨난 이들을 만나 그들을 치유하셨다고 전한다. 그런데 다들 돌아갔으나 한 사람만 되돌아와서 하느님을 찬양했다. 딱히 돌아갈 자기편이 없는 천대받던 사마리아 사람이 예수께 돌아왔다. 그는 '일어나 가거라. 네 믿음이 너를 살렸다'는 선언을 듣는다(눅 17:19). 생명과 회복의 길은 경계 위에, 사이로 돌아온 사람에게 있다.

확실성의 시대, 경계가 '최전선'이 되는 순간

지금 세계와 사회는 곳곳에서 경계를 긋다 못해 장벽을 세운다.

국가와 인종, 이념과 계급, 세대와 젠더, 지역과 문화가 사람을 가른다. '내 편과 네 편'의 진영 논리를 굳혀 간다. 흑백의 논리가 힘을 얻는다. 접경 지역에서 벌어지는 배제와 감시, 폭력과 전쟁은 그 참담한 결과이다. 누가 안으로 들어올 수 있는가, 누가 바깥에 머물러야 하는가를 판단하는 권력의 유혹이 달콤하다. 사람들은 복잡한 현실을 견디기보다, 단순한 구호와 안전한 편 가르기에 기대고 싶어 한다.

에스더 드발의 《경계를 살다》는 바로 이 확실성의 폭력에 저항하며, 모호한 경계를 다시 발견하도록 초대한다. 그에게 경계는 배제의 벽이 아니라 만남의 문턱이며, 삶의 전환점이자 하느님이 오시는 자리이다. 이 책은 종교 영성(주로 켈트 영성)과 그리스도교 신앙 전통(주로 베네딕트 규칙과 수도회 전통)에 기대어, 은유의 시각과 상상력으로 길어 올린 영적 산문이다. 그러나 현실을 피하지 않으며, 여느 성지 비평서보다 날카롭고 대안적 삶을 향한 제안과 연습으로 가득 차 있다. 경계가 메마른 대결과 배제의 최전선이 되는 시대에, 경계를 새로운 시공간을 열어 가는 "거룩한 문턱"으로 돌려놓는 실천적 지혜로 몸과 마음을 적신다.

배제의 '최전선'과 만남의 '경계'

현실과 사태를 가로지르는 핵심 구분은 간명하고 날카롭다. 최전선frontline은 타자를 밀어내려고 그은 선이다. 적을 상정하고 방어와 공격을 전제로 한다. 사람을 빠르게 분류하고, 대화를 승부와 대결로 바꾸며, 복잡한 역사와 상처를 '그들'이라는 꼬리표로 축소하여 타자화한다.

반면, 경계border는 두 세계가 맞닿아 서로를 바꾸는 자리이다. 문화와 언어가 섞이고, 기억이 겹치며, 낯섦이 질문을 만들어 대화를 격려하는 자리이다. 경계에는 불편함이 있다. 이를 감내할 때 새로운 가능성이 열린다. 경계의 불편한 위태로움 안에서 인간은 경청을 배우고, 자기 확신의 속도를 늦추며, 타자를 적이 아니라 이웃으로 다시 볼 수 있다. 드발이 말하는 환대는 감상 어린 친절이 아니다. 자신의 세계가 조금 흔들릴 수 있도록 허락하는 용기이며, 그 흔들림 속에서 더 넓은 자비의 언어를 배우는 수행이다.

여기서 독자는 성서의 풍경을 새로 읽는 눈을 얻는다. 성서의 중요한 사건들은 자주 '문턱'에서 일어나지 않았던가. 출애굽의 광야는 애굽과 약속의 땅 사이의 경계이며, 요단강을 건너는 일은 정체성의 문턱이다. 복음서에서 예수는 정결과 배제의 경계를 자주 넘나든다. 병자와 죄인, 사마리아인과 이방인, 사회적 주변부와 한 식탁에 앉으신 일은 경계를 대결과 배제의 최전선으로 만들지 않고, 만남의 자리, 회복의 시공간으로 창조하는 사건이다. 경계의 영성은 이처럼 성서를 관통한다. 하느님은 안정된 중앙이 아니라, 흔들리는 문턱에서 사람을 다시 빚으시는 분이다.

문턱 경험의 보편성 – 종교 경험과 의례가 말하는 '사이'의 힘

드발의 성찰과 통찰은 최근 종교학과 의례학^{Ritual Studies}의 성과에 맞닿아 있다. '리미널리티^{liminality}', 곧 '사이-상태'가 그것이다. 떠났으나 아직 도착하지 않은 상태, 이전의 정체성이 느슨해지고 새 정체성이 아직 굳지 않은 상태이다. 많은 종교 전통은 바로 이 '사이'를 두려움과 거룩함이 교차하는 시공간으로 여겼다. '사이'는 위험하지만, 새로움이 태어나는 자리이기 때문이다.

사람들은 사회와 공동체를 이루어 역사와 전통 안에서 인생의 변화(출생, 성장, 결혼, 죽음)를 의례로 감싸 왔다. 의례는 단지 장식이 아니라 불안을 의미로 바꾸는 예술이며, 개인의 변화를 공동체의 사건으로 만드는 장치이다. 반면, 현대 사회는 점차 변화를 개인에게 떠넘긴다. 사람은 혼자 문턱을 건너야 하고, 그 문턱은 공포스럽다. 이때 진영 논리는 그 공포를 덜어 주는 값싼 해법처럼 보인다. 복잡한 현실을 단순하고 편리한 적대 구도로 바꿔 주기 때문이다. 드발은 이 흐름을 거스르자고 한다. 문턱과 경계를 다시 의례화하고, '사이'를 견디는 능력을 회복하라는 제안과 훈련을 제공한다.

시간의 문턱을 되찾는 영성

드발은 경계를 공간의 문제로만 보지 않는다. 시간도 경계이다.

13

새벽과 황혼, 계절의 전환, 하루의 시작과 끝은 모두 문턱이다. 현대인은 시간을 생산의 자원으로만 다루며, 전환점을 '공백'으로 취급한다. 그 공백이 사라지면 삶의 리듬이 무너지고, 사람은 더 조급해지고 더 쉽게 분노한다. 경계가 최전선으로 바뀌는 데에는 이런 시간 감각의 붕괴도 작용한다.

켈트 영성 전통이 전해 준 '때와 때 사이'의 감수성이 필요하겠다. 시간 속 전환의 순간을 다시 거룩하게 만드는 훈련이 절박하다. 과거로 회귀하라는 말이 아니다. 삶의 리듬을 하느님 쪽으로 다시 조율하라는 요청이다. 성서의 안식일과 교회 전통의 신앙 절기처럼, 시간은 그저 흐르는 물이 아니라 공동체를 하느님 중심으로 재배열하는 그릇이다. 문턱의 영성은 "바쁘지 않게 살기"가 아니라 분주함 속에서도 전환점을 지켜 내는 신앙의 예술이다.

안과 밖을 잇는 중심 ― 회랑과 문지기의 영성

경계 위는 언제나 위태롭다. 무거운 중심이 필요하다. 드발은 교회 전통 속에서 수도원 회랑^{cloister}을 성찰한다. 회랑은 분주한 공간 한가운데 놓인 고요한 중심이다. 이 중심이 있기에 수도원은 문을 열 수 있다. 문을 연다는 것은 곧 흔들릴 수 있는 위험을 감수한다는 뜻이다. 내면의 회랑이 단단한 사람은 바깥의 낯섦을 곧바로 위협으로 단정하지 않는다. 오히려 그 낯섦에서 새롭게 배울 여유를 마련한다.

이때 상징적 인물이 문지기다. 문지기는 두 세계 사이에 서서 손님을 맞이한다. 그는 누군가를 심문하는 관리자가 아니라, "당신이 오신 것을 하느님께 감사드립니다" 하고 말하는 사람이다. 낯섦을 무조건 긍정하라는 뜻은 아니다. 낯섦 앞에서 즉각적인 혐오와 단정을 유예하고, 그 순간을 하느님의 방문 가능성으로 열어 두라는 말이다. 문지기의 환대는 경계의 윤리이다. 배제의 선을 만남의 자리로 바꾸는 가장 작은 시작이다.

일상에서 가능한 실천―스타티오, '잠시 멈춤'의 의례

신앙과 영성은 늘 훈련이고 실천이다. 드발은 스타티오^{statio} 의례를 제안한다. 문턱을 건너기 전 잠시 멈추는 수행이다. 집을 나서기 전, 회의에 들어가기 전, 누군가를 만나기 전, 귀가해 문을 열기 전 30초만 멈추는 일이다. 직전의 감정과 걱정을 내려놓고 지금 여기에 설 빈자리를 만드는 일이다. 이 멈춤은 작지만 강력하다. 문턱을 최전선으로 만들지 않도록 마음의 속도를 늦추기 때문이다.

이런 간단한 실천이 가능하다. 첫째, 하루에 한 번, 시간의 전환점에서 30초 침묵을 붙이는 일이다. 둘째, 불편한 요구나 낯선 의견을 만날 때마다 판단을 10초 유예하는 일이다. 셋째, "지금 나는 최전선을 만들고 있는가, 경계에 서고 있는가"를 스스로

15

묻는 일이다. 문턱의 영성은 거창한 결심보다는 작은 행동의 되풀이로 몸에 새겨진다. 이를 적용하면서 은유의 시선으로 상상력을 키우게 한다. 책 말미에 마련된 시詩 모음은 그 작은 도움일 수 있다. 시의 언어는 기도의 언어이며 신앙의 언어이다.

접경의 상처를 '문턱의 거룩함'으로 바꾸는 길

이 책은 경계를 미화하지 않는다. 문턱은 불편하고, 불확실하고, 때로 두렵다. 그렇기에 그 가장자리에서 삶이 깊어진다. 경계는 상처를 만들기도 하지만, 소통을 위한 번역과 만남을 낳기도 한다. 문턱의 영성은 이 양면을 외면하지 않고, 오히려 문턱에 "잠시 멈추어 서는" 작은 의례들을 통해 배제의 선을 환대의 자리로 바꾸자고 초대한다.

'경계 위에서 산다는 것'은 주변부로 밀려나는 삶이 아니다. 오히려 중심을 하느님께 다시 고정한 채 바깥을 향해 열리는 삶이다. 진영 논리, 편 가르기 시대에 이 책이 제안하는 길은 조용하지만 단단하다. 짧지만 풍성하다. 거듭 읽을수록 새로운 상상력과 실천의 방법이 떠오른다. 문턱을 거룩하게 여기고, '사이'를 견디며, 낯섦을 적이 아니라 이웃과 동반자로 만나려는 용기를 선사한다. 그 용기는 경계를 걷는 예수께 돌아오게 하며, 하느님을 만나게 한다. 오늘의 '최전선' 세계를 조금씩 다른 방향으로 움직이게 한다. 생명과 회복의 길은 경계 위에, 사이에 있다.

옛 지혜에는 이러한 말이 있다. "문턱은 거룩한 곳이다." 세계의 여러 지역에서, 몇몇 전통문화와 수도 생활 안에서 이 말은 여전히 기억되고 있다. 그러나 오늘날 우리는 이 사실을 자주 잊어버린다. 나 역시 이 사실을 기억하지 못하는 한 사람이라고 고백하고 싶다. 그러나 나는 이 잊힌 태도를 의식적으로 회복하려고 애써 왔고, 이제 그 시도를 이 책을 통해 나누고자 한다. 이 책이 다른 이들 또한 문턱 앞에서 잠시 멈추어 서도록 격려할 수 있기를 바란다.

일본을 방문했을 때, 문턱의 의미를 아주 단순한 일상의 경험 속에서 체감한 적이 있다. 일본에서는 집 안으로 들어가기 전에 거리에서 신었던 신발을 벗기 위해 잠시 멈춘다. 그리고 문 안으로 들어서며 출입구 안쪽에 놓인 실내화를 신는다. 이 행위는 비록 짧은 순간일지라도 의도적으로 멈추어 서게 만들며, 두 공간, 곧 바깥과 안, 외부와 내부의 차이를 존중하도록 요구한다. 그것은 곧 다른 사람과, 다른 가정과 마주하기 위한 준비이기도

하다.

이것은 스타티오*statio*라 불리는 전통적인 수도원 수행과 매우 닮아 있다. 스타티오는 문턱의 순간에 경의를 표하며, 공간과 시간을 다루는 일에 대한 존중을 드러내는 실천이다. 수도자들은 매일의 성무일도를 드리기 위해 교회 건물 안으로 들어서지만, 그에 앞서 반드시 잠시 멈추어 설 시간을 남겨 둔다. 그들은 서서 기다리며, 직전에 하던 일과 그 일에 따르던 모든 요구와, 그것들과 동반되던 불안과 기대까지도 내려놓는다. 이 고요함은 각 사람이 마음속에 하느님의 말씀을 위해 비워 둔 자리로 들어가게 허락한다. 의무감이나 책임감 때문에, 혹은 눈앞의 일을 위해 몇 분이라도 더 아끼고자 서두를 때, 하루의 일과에서는 무언가를 얻을 수도 있다. 그러나 그 대가로 잃게 되는 것은, 하느님의 일, 오푸스 데이*Opus Dei*를 위한 시간과 장소로 건너가고 있음을 알아차리는 주의력, 곧 그 전이의 순간에 대한 자각이다.

입에서 입으로 여러 세대를 거쳐 전해 내려온 켈트인들의 관습을 발견하면서, 나는 아무리 고된 노동과 무거운 책임이 끊이지 않는 삶이라 하더라도, 하루하루를 지나고, 계절마다, 해마다, 나아가 태어나서 죽을 때까지 삶의 전체 모양새 안에서 변화의 시간들이 이어진다는 사실을 인식하고 기뻐하는 데 시간을 들임으로써, 그러한 삶이 형성될 수 있음을 보게 되었다. 켈트인들은 이러한 변화의 때를 인정하기 위한 의례와 축제를 지니고 있었고, 나는 그 전통들을 이 책에 포함시켰다. 나 자신이 그것들을 삶에 들여오려 애쓰는 과정에서 많은 것을 얻었기 때문이다.

그러나 여기에는 더 넓고 깊은 의미가 있다. 이 이야기들은 교회와 정치, 그리고 세계의 상황 속에서 우리가 공적 삶을 대하는 방식 전반과도 깊이 연결되어 있다.

앞서 다른 글들에서 나는 경이와 기쁨으로 바라보는 법을, 신비를, 그리고 현미경으로 꽃이나 돌멩이를 들여다볼 때 발견하는 놀라운 우주에 대해 다룬 적이 있다.[1] 그러나 여기서는 내가 자랐고 다시 돌아와 살고 있는 시골, 곧 내 고향 우리 집 주변의 경관, 잉글랜드와 웨일즈 사이의 접경지, 그 경계의 땅이 건네준 것에서 출발하려 한다. 인생에서 이 시점에 이르러서야 나는 외부의 경관이 내면의 풍경을 빚고 형성한다는 사실을 알아보기 시작했다. 어쩌면 새로 알아간다기보다 되살리거나 재발견한다는 표현이 더 적절할지 모르겠다.

내가 쓰고자 하는 것은 그저 오랜 역사를 품고 빼어난 아름다움이 가득한 시골 경치를 묘사하려는 것이 아니다. 이 책에서 나는 경관을 읽어냄으로써 그것이 스스로를 드러내도록 하고자 한다. 동시에 그 경관을 세계 안에서 일하시는 하느님 모습을 비추는 상(像), 달리 말해 이미지로 제시하고자 한다. 무엇보다 나는 문턱, 곧 경계를 건너가는 장소들의 역할을 탐구하고자 한다. 여기에는 지리적인 문턱만이 아니라 은유적인 문턱들까지 포함된다.

나는 나와 전혀 다른 환경에서 성장한 한 소설가의 글을 읽은 적이 있다. 그는 어린 시절 자신이 두 세계에 속해 있다는 사실과, 그 경험이 지닌 의미를 깨달았다고 말한다. 나는 그 글을 읽으며 그 작가 역시 나처럼 문턱의 주제에 깊이 사로잡혀 있음을 알아차렸다. 두 세계에 걸쳐 성장한 경험은 그의 인식을 더욱 예리하게 만들었고, 훗날 그는 그것을 자신을 형성해 온 경험으로 평가했다. 20세기 영국 소설가 그레이엄 그린^{Graham Greene}은 자신의 여행기에서 첫 장의 제목을 '경계^{The Border}'로 짓고, '강을 건너서'라는 부제를 붙였다. 그러나 실제로 그의 여정에 강도 바다도 없었고, 그는 마른 땅 위를 건넜을 뿐이었다. 이 사실은 경계와 문턱을 넘나드는 데 있어 이미지가 수행하는 역할을 분명히 상기시킨다. 바로 이것이 이 얇은 책에서 내가 탐구하고자 하는 주제이다.

우리 삶은 필연적으로 새로운 세계로 열려 있으며 흥분이나 두려움을 약속하는 경계와 문턱의 연속으로 이루어져 있다. 여행자는 낯선 장소에 들어설 때마다 환희와 설렘을 경험한다. 그레이엄 그린은 국경 너머에서 기다리고 있는 기대감을 생생하게 묘사한다.

저편에서는 모든 게 달라질 것이다. 여권에 도장이 찍히고 환전상들 사이에서 말문이 막히는 순간, 삶은 결코 이전과 같을 수 없다. 경치를 좇는 사람은 더 생경한 숲과 들어본 적 없는 산을 상상하고, 낭만주의자는 국경 너머의 여인들이 고향 땅의 여인들보다 더 아름답고 유순하리라 믿는다. 불행한 이는 적어도 다른 종류의 지옥을 맞이하기를, 세상 떠날 결심에 여행을 나선 이는 결코 만나지 못할 죽음을 기대한다. 국경의 공기

경계를 살다

에는 다시 시작하는 기운이 감돈다. 거기에는 마치 고해성사를
마친 직후에 남는 감각이 있다.[2]

이 대목은 두 나라 사이의 국경에 관한 이야기이다. 그러나
어린 시절부터 그린은 자신의 삶을 두 나라가 나란히 맞닿아 있
는 풍경으로 은유적으로 이해해 왔다. 그는 규모가 큰 기숙학교
의 한 쪽에서 머물며, 문 하나를 사이에 두고 두 세계를 오갈 수
있었다. 한 세계는 책과 과일, 연한 향수의 향이 풍기는 곳이었
고, 또 다른 세계는 눅눅한 수건과 잉크, 소독약 냄새가 코를 찌
르는 곳이었다. 그는 때로 크로켓 잔디 구장, 꽃밭, 라즈베리 덤
불 속에 있었고, 또 다른 때에는 투박한 벽돌로 쌓은 웅장한 건물
과 돌계단, 실금이 간 종들 사이에 놓여 있었다. 그는 두 나라 모
두에 속한 거주자였다. 때로는 문 이쪽에, 때로는 저쪽에 있었다.
이렇게 서로 다른 끌늘에 이끌린 채 살아가며 그는 물었다. "국
경에서 사는 삶이 어찌 불안하지 않을 수 있단 말인가?"

나 역시 한 세계에서만 살지 않았다. 지금은 내가 자란 곳,
웨일즈 경계로 돌아와 살고 있다. 느린 리듬과 땅과 맞닿은 질감
속으로 몸을 옮긴 것이다. 이곳의 삶은 큰 대학교가 있는 잉글랜
드 중부 지역이나 대성당이 자리한 남동부의 번잡한 도시에서
보낸 세월과는 완전히 대비된다. 이 땅에 뿌리내릴수록, 나는 이
곳이 낯익으면서도 동시에 낯설게 다가옴을 느낀다. 이 경관은
나의 선생이자 조언자가 되었다.

이 사실을 알아보는 데에는 시간이 필요했다. 그리고 이제

21

야 비로소 이 경관이 내 삶에, 나아가 시간과 사람, 상황과 문제를 대하는 내 방식 전반에 얼마나 깊이 스며들어 왔는지를 깨닫기 시작했다. 말하자면 이렇다. 나는 언제나 문턱을 건너 새로운 곳으로 들어서면서도, 동시에 뒤에 남겨진 것의 일부로 여전히 머물러 있음을 자각하게 되었다. 이러한 깨달음은 이미 내 삶 깊숙이 스며들어 있다. 지금의 나는 (기자인 아들이 멋지게 표현했듯) 노년의 문턱에 서서 새로운 삶의 리듬을 살아가고 있다. 그리고 이는 내가 세상을 바라보는 시선에도, 타인과 관계 맺는 방식에도 분명한 흔적을 남긴다. 이 감각을 한 단어로 붙잡으려 하면, 여러 표현들이 한꺼번에 밀려온다. 변화에 열려 있음, 앞으로 나아갈 준비와 의지, 장벽 뒤에 숨기보다 방어벽 없이 서 있으려는 태도 같은 말들이다. 그러나 새롭고 미지의 것을 향해 문턱을 건너가는 이 감각을 담아낼 만한 단어를 딱 하나 집어낸다면, 그것은 **변모**일 것이다. L. 윌리엄 컨트리맨^{L. William Countryman}이 말하듯, 변모는 "언제나 적어도 약간은 두려운" 법이기 때문이다. 변모란 무언가 값진 결과를 맞이할지 모른다는 희망찬 기대 속에서 통제를 내려놓는 일이다. 그것은 또한 세계를 바라보는 새로운 방식 앞에서 오랜 시간 쌓아 온 확실성이 흔들릴 위험을 기꺼이 감수하는 일이다. 이를 가리키는 또 하나의 말은 **회심**일 것이다. 그러나 이는 종교를 바꾸거나 교단을 옮기는 일과 같은 단순한 변화가 아니다. 훨씬 더 깊은 의미에서, 그것은 "돌아서는 것"이며, "그동안 미처 알아차리지 못했던 또 다른 세계를 다시 발견하는 일"이다.[3]

데이비드 존스, 〈카펠 어핀의 경관〉

이 접경지의 시골 경관이 스스로를 드러내도록 놓아 둘 때에야 우리는 비로소 무언가를 배울 수 있다. 서두르지 않고 조용히 기다릴 때, 이 땅의 결이 느껴지기 시작한다. 화가이자 시인인 데이비드 존스^{David Jones}가 블랙 마운틴의 란소니 밸리, 카펠 어핀 지척에 살며 깊이 귀 기울였던 바로 이 결, 언덕과 물의 리듬을 말이다. 그는 한 강연에서 1924년부터 1926년 사이 이 골짜기와 언덕들을 몸으로 알아가던 시절을 회상하며, 언덕의 강한 리듬과 이에 선명하게 대비를 이루는 물줄기의 리듬에서 큰 영감을 받아 작품을 구상했다고 밝혔다. 그가 깨달은 것은, 이 경관 속에 사실 정적이란 없다는 점이었다. 시냇물과 바람, 비와 구름은 끊임없이 변모하고 있었고, 바로 그 변화 속에서 오히려 변하지 않는 것들이 드러난다고 그는 느꼈다.[4]

이미 나는 사물의 의미가 이미지로 드러나는 쪽으로 이끌리고 있다. 문자가 아니라 형태와 무늬 같은 시각적 경험에서 통찰이 비롯되는 세계로 말이다. 이 과정에서 나는 나 자신뿐 아니라, 나를 둘러싼 세계의 근원과 마주하게 된다. 이처럼 나는 물리적 경관에 대한 체험에서 출발했다. 그러나 그 너머로 이끌리며, 빛과 어둠, 시간과 계절이 오고 가며 흐르는 것을 차례로 바라보게 되었다. 동시에 앞으로 나아가는 내 삶의 움직임 또한 탐색하게 되었다. 나는 한 인간이 태어나 죽기까지 거쳐야 하는 보편적이고 피할 수 없는 단계들 속에서 변화를 어떻게 받아들여야 하는지를 묻게 된다. 폐쇄적이고 방어적인 태도를 버리고, 받아들이는 열린 자세로 새로운 이해의 문턱을 넘어설 수 있을까? 내 생각에 이 질문은 신체의 성장뿐 아니라 이해와 지혜의 성장에도 해당한다. 하지만 안과 밖 사이, 더 깊이 자기 내면으로 내려가는 것과 세상을 적이 아니라 친구로 만나기 위해 아무런 방어벽 없이 자기 바깥의 세계로 나오는 것 사이에는 가장 깊은 문턱이 놓여 있다.

그레이엄 그린의 말대로, 국경에서 사는 삶이 어찌 불안하지 않을 수 있겠는가? 이것이야말로 내가 붙들고 싶은 질문 가운데 하나이다. 그리고 아마도 이 감각은 나만의 것이 아닐 것이다. 점점 더 많은 이들이 두 세계가 맞닿은 자리에서 자신을 발견한다. 그럴 때마다 나는 묻게 된다. "이 둘을 어떻게 함께 붙들 수 있을까? 이 만남을 어떻게 창조적인 조우로 빚어 갈 수 있을까? 어느 한쪽으로만 끌려가지 않으려면 어떻게 해야 할까?" 이 질문들에는 간단하거나 자명한 답이 없다. 그러나 나는 안다. 건너가는 순간이 곧 문턱의 순간이며, 사이에서 잠시 멈추어 서는 시간이라는 것을. 그리고 바로 여기에, 이 질문들을 풀어 갈 중요한 실마리가 놓여 있다고 믿는다.

들어가며

1장

경계가 있는 풍광

경관 읽기

이제 나는 내 주변에 펼쳐진 하나의 세계를 조명하고자 한다. 다시 말해, 바깥의 경관이 어떻게 내면의 풍경을 형성하고 빚어 가는지를 살펴보려는 것이다. 이를 탐구하는 데에는 상상을 발휘해 이미지와 시, 은유를 동원하는 방식이 가장 적합하다고 나는 생각한다. 이 작업이 나 개인의 경험에 머물지 않기를 바라기에, 나는 이 땅과 이 땅을 거쳐 간 시인들과 예술가들에게까지 시선을 넓힌다. 특정한 장소와 깊이 만났던 내 경험이 이 책을 읽는 이들에게 말을 걸고, 이미지를 건네며, 마침내 그들 각자의 고유한 경험으로 이어지기를 바란다. 이 책은 내가 알고 있는 한 장소에서 출발하지만, 궁극적으로는 어떤 장소에서든 그곳을 하나의 문턱으로 삼아 다르고 새로우며 낯선 것을 향해 건너가는 길을 다룬다. 그것은 하느님의 세계에서 작동하는 차이와 신비, 그리고 타자성이 드러나는 길이기도 하다.

나는 웨일즈 접경지에서 어린 시절을 보냈지만, 정작 그 주변 경관을 읽는 법을 배운 적은 없다. 그것에 대해 질문한 적도 없었고, 내 아버지 역시 그러했기 때문이다. 아버지는 지역 골동품 전문가였고, 나는 그를 통해 역사에 대한 감각과 중세 건축에 관한 지식을 물려받았다. 아버지의 접근 방식은 철저히 사실 중심적이었다. 이를테면 돌의 연대를 밝히려 할 때, 그것이 자연 그대로의 상태이든 지역 장인들이 깎고 다듬은 것이든 가리지 않았다. 아버지에게 돌들은 살아 있는 존재가 아니었고, 아무 말도 하지 않았다. 그 돌들의 세계는 범주와 라벨로 분류되는 세계였으며, 도표와 문서, 날짜와 토지 증서를 통해서만 드러났다. 한 소유주에서 다른 소유주로, 한 사유지에서 다른 사유지로 넘어가는 과정에만 관심을 두는 이러한 기록들은 과거를 확정적이고 명료한 것으로 다루는 태도를 요구했다.

어머니에게서 배운 것은 또 다른 종류의 확실성이었다. 그것은 현재를 바라보는 방식의 확실성이었다. 어머니는 경계 너머, 웨일즈에 사는 우리 이웃들에 대해 매우 단정적인 견해를 지니고 있었다. 그러나 그 단정은 편견에 의해 지나치게 단순화된 것이었다. 어머니의 눈에 웨일즈인들은 체구가 작고, 성품을 신뢰할 수 없으며, 존중받을 가치가 없는 사람들이었다. "태피는 웨일즈인이었네, 태피는 도둑이었네." 이런 동요를 아무렇지 않게 흥얼거렸다. 그들은 약탈하려고 우리 고운 땅을 침범해 온 사람들이었다. 그 결과, 나는 어릴 적부터도 타인에게서 배우고자 하는 마음, 기꺼이 받아들이는 태도를 익힐 기회를 갖지 못했다. 건너가야 할 문턱이나 넘어야 할 경계에 대한 감각도, 열린 마음이나 탐구심을 북돋울 계기도 주어지지 않았다.

경계 위에서 산다는 것

그러나 흔히 인생이 그렇듯, 두 번째 기회가 찾아왔다. 결혼해 아들 넷을 두었을 때, 아버지는 우리에게 작은 오두막집을 선물하셨다. 그 지역 전통 양식으로 지은 이층집으로, 층마다 방이 두 칸씩 딸려 있었고, 찬물만 나오는 수도 하나와 화장실이 전부였다. 두 개의 큰 개울, 쿰Cwm과 그레이돌Greidol이 이 근처로 흘러와 합쳐진 뒤 폭포를 이루어 떨어졌다. 그 아래에는 오랜 세월 반복된 홍수와 폭풍 속에서 모양과 자리가 조금씩, 그러나 분명하게 바뀌어 온 거대 암반들이 켜켜이 쌓여 있었다. 진흙과 모래, 바위가 소용돌이치듯 얽혀 형성된 이 모습은 각자의 형태를 유지하면서도 시간에 따라 끊임없이 새롭게 짜여 온 자연의 질서를 하나의 은유로 보여 주었다.

　개울은 아주 오래전부터 땅과 마을을 가르는 경계 역할을 해 왔고, 내 오두막 근처의 개울들처럼 처음 붙여진 켈트어 또는 웨일즈어 이름으로 지금까지 불리는 곳도 많다. 그러나 그 이름이 웨일즈어라 할지라도, 심지어 1588년 윌리엄 모건William Morgan이 처음으로 웨일즈어로 번역한 성경, 대★ 웨일즈어 성경을 마을 교회가 자랑스럽게 간직하고 있을지라도, 그 마을의 이름은 색슨계^{Saxon}였고, 정치적으로는 잉글랜드에 속해 있었다. 여기서 2~3킬로미터 떨어진 랑구아의 작은 교회는 그 기원이 6세기 켈트 성인에까지 닿아 있지만, 지리적으로는 웨일즈에 놓여 있으면서도 여전히 잉글랜드 성공회 소속이다. 이처럼 접경지의 시골에서는 종교적이든, 경제적이든, 문화적이든 그 어떤 경계도 또렷하게 한 가지 의미로 고정되지 않는다.

나는 집에서 몇 킬로미터 떨어진 오파의 제방^{Offa's Dyke}을 따라 걸으며, 한때 아버지에게 큰 즐거움을 안겨 주었던 세계를 새롭게 마주하게 되었다. 아버지는 8세기 활동했던 오파^{Offa}와 그의 야망에 관한 영웅담을 내게 들려주곤 했다. 오파는 757년부터 795년까지 이 지역에 강력한 영향력을 행사했던 인물로, 샤를마뉴 황제^{Emperor Charlemagne}와 동시대인이자 거의 대등한 존재로 여겨졌다. 그러나 그 이야기는 이제 역사의 뒤편으로 물러났다. 한때 군사경계선이었던 이 접경지는 이제 목가적인 풍경이 되었지만, 경계에 맞닿은 땅들은 여전히 그 차이를 분명하게 드러내고 있었다. 이곳은 여전히 두 세계가 만나는 장소였다. 나는 정치적 야망과 군사적 정복의 시야를 넘어선 무엇인가를 바라보고 있었다. 그 차이들은 분명했고, 경관의 무늬 속에 고스란히 새겨져 있었다. 서쪽에는 웨일즈가 있었다. 산맥과 흩어진 마을들의 나라로, 양 떼와 야생 조랑말들이 황량한 언덕을 듬성듬성 채우며 거닐고 있었다. 나는 데이비드 존스가 즐겨 말하던 전설을 떠올렸다. 이 말들이 바로 아서왕의 기사들이 타던 말에서 유래했다는 이야기였다. 아서왕이 패배하고 그의 왕국이 막을 내린 뒤, 말들이 풀려나 자유롭게 떠돌게 되었다는 것이다. 이제 위세는 사라졌지만, "등에 올라타는 이 없이 숲과 산에서 풀을 뜯으며 떠도는 말들은 그들의 주인들처럼 새롭고도 원초적인 자유를 누리고 있었다."[1] 이에 반해 동쪽에는 잔잔히 굽이치는 구릉과 비옥한 농장이 이어졌다. 풍요로운 토지와 대지주들의 힘이 빚어낸 경작지들은 관목灌木의 울타리로 단정하게 나뉘어 있었다. 이곳에서는 서로 다른 두 세계가 맞닿아 있었다. 각자의 지리와 정치, 사람들이 만들어 온 고유한 과거들이 이 경관 속에서 교차하고 있었다.

타인의 눈으로 보기

이곳에 다시 살게 된 이후, 땅은 내게 어떤 꾸밈도 없는 현실을 가르쳐 주었다. 땅은 나의 조언자이자 스승이며, 그 가르침은 이론에 머물지 않고 추상적이지 않다. 나는 내 발밑의 흙, 그리고 이곳에 터를 잡고 땅을 일구어 온 사람들의 시간을 통해 지혜를 배운다. 무엇보다, 깊은 시골에 살면 도시의 삶에서는 놓치기 쉬운 것들과 마주하게 된다. 번갈아 드나드는 빛과 어둠, 해마다 계절마다 이어지는 변화의 결, 밀물과 썰물의 리듬, 동지와 춘분·추분으로 이어지는 절기의 흐름 같은 것들이다.

이곳으로 돌아와 살다 보니, 이 장소와 이 상황은 한편으로는 낯익고 또 다른 한편으로는 신비하게 다가온다. 어떤 것이 제

경계를 살다

모습을 드러내고 그 의미를 펼쳐 보이기까지는 시간이 필요하다는 사실을, 나는 이곳에서 다시 배우고 있다. 로완 윌리엄스 대주교가 라디오 인터뷰에서 질문을 받을 때마다 "잠시 생각할 시간을 좀 주시겠습니까?"라고 말하던 장면을 많은 이들이 기억할 것이다. 질문과 답변을 속도감 있게 주고받는 공적 대화에 익숙해진 우리에게, 그 요청은 잠시 멈추는 행위 자체의 의미를 환기시켰다. 질문 앞에서, 타인 앞에서, 어떤 상황 앞에서 잠시 멈추는 태도는 공경과 존중의 한 방식이 될 수 있다.

내가 나고 자란 이 땅은 바로 그런 가르침을 내게 건네주었다. 이 경계의 땅과 그것이 내게 준 것들은 안개나 빛의 스펙트럼처럼, 늘 손에 잡힐 듯하다가도 끝내 붙잡히지 않은 채 남아 있어야 한다. 이 땅은 우리 각자에게 서로 다르게 말을 건넬 것이며, 같은 사람에게도 때에 따라 전혀 다른 음성으로 다가올 것이다. 어떤 순간에는 현을 울리듯 마음 깊은 곳에서 공명을 일으키고, 어떤 때에는 조용히 스쳐 지나갈지도 모른다. 때로는 통찰의 선물을 불현듯 건네주기도 한다. 그러나 이 땅은 결코 소유될 수 없고, 완전히 이해될 수도 없다. 바로 그렇기에 나는 이 땅에서 더욱 깊은 감사의 마음을 느낀다.

데이비드 존스가 일깨우듯, 이 경관은 내게 움직임과 변화, 그리고 지속되는 변모를 가르쳐 주었다. 다시 말해, 나는 이 장소에 뿌리내리고 있으면서도 문턱을 오간다. 이 경관을 바라볼 때마다, 멈춤이 아니라 움직임 속에 있음을 깨닫는다. 내가 몸담은 이 삶은 안전한 보호소 안에 들어가 비바람을 피하는 것과는 다르다. 변모란 자신을 열어젖히는 일이기 때문이다. 나는 이 장소에 속해 있고, 이곳에 단단히 발 디디고 서 있다. 그럼에도 나는 정지해 있지 않다. 내 삶은 이 땅에 뿌리내렸지만, 결코 고여 있지 않다.

우리 시대의 뛰어난 웨일즈 시인 R. S. 토머스^{R. S. Thomas} 역시, 자신의 고국 풍경을 바라보는 이들이 그 경관을 지나치게 소유하려 드는 태도에 경고를 건넨다. 그는 문턱에서 멈출 줄 아는 태도, 곧 쉽게 점유하려 하지 않는 자세의 중요성을 이야기한다.

여기까지 올 수는 있겠지요.
아주 먼 길을 건너 이곳에 이를 수는 있습니다.
그러나 이 안에 계속 머물 수는 없을 것입니다.[2]

어떤 장소와 마주치는 일은 지극히 개인적인 경험이기에, 산문이든 시든 그 경험을 글로 풀어내는 이들에게서는 한 가지 공통된 태도가 읽힌다. 풍경이 자기 자신을 넘어 우리를 더 깊은 차원으로 이끄는 방식을 존중한다는 점이다. 웨일즈 접경지를 알게 된 뒤 이곳을 사랑하게 된 미국 신학자이자 시인 보니 서스턴^{Bonnie Thurston}은 이 땅을 자신만의 시선으로 바라본다.

찬란히 빛나는 여름날,
이 접경의 땅에는
피로 얼룩진 역사가 있고,

그것이 빚어낸 비옥함 위로
초록 잔디가 융단처럼 끝없이 펼쳐져 있구나.
한때 군대들이 행진하던 곳,
왕들이 올라섰다가 사라진 자리…
경계의 땅은 이따금 낮게 읊조리네,
지나간 것들과 한때 여기 있었는지 모를 것들을.

경계의 땅은 이따금 낮게 읊조리네,
지나간 것들과 한때 여기 있었는지 모를 것들을.
이 땅이 이끌어 가는 웨일즈 사람들처럼,
이 풍경도 노래할 뿐이네.
하느님께서는 장막을 걷어 올려
블랙 마운틴 능선 사이에
골든 밸리Golden Valley를 드러내시네,
현재와 과거의 생명이
가득 북적이는 이 자리에.[3]

이 시의 구절들에는 넉넉한 온유함과 소망이 깃들어 있다. 그 장소는 전투와 죽음으로 얼룩졌던 과거를 기억하며, 피로 물들었던 땅 역시 여전히 그 자리에 남아 있다. 그러나 파멸의 자리에서도 풍요로움은 다시 번져 나오고, 폐허를 뚫고 푸른 잔디가 솟아오른다. 무엇보다 이름 자체만으로 약속과 가능성을 불러일으키는 골든 밸리가 있다. 하느님께서 장막을 걷어 올리실 때, 우리는 이 풍광이 노래하는 모습을 보게 된다. 그리고 그 노래 속에서 하나의 좋은 소식을 듣는다. 그것은 곧, 서로 다른 문화와 이야기들이 이곳에서 만나 얽히고, 서로에게 도전받으며, 그 만남 속에서 새로운 모습으로 살아낼 수 있다는 사실이다.

경계 혹은 최전선?

내게는 자주 찾으며 깊은 인연을 맺게 된 곳이 하나 있다. 그곳에 머물 때마다 나는, 역설적으로, '집'이 지닌 선물이 무엇인지 다시 가늠하게 되고 그 의미에 더욱 감사하게 된다. 이 얇은 책의 주제를 곰곰이 생각하던 시기에, 나는 남아프리카공화국에 있는 한 베네딕트 수도원에서 석 달을 지냈다. 미국 성공회 소속 성 십자가 수도회 Order of the Holy Cross가 세운 우마리야 우마마 웨템바 uMariya uMama weThemba라는 수도원이었다. 그곳에서의 체류는 내게 특별한 시간이 되었는데, 머무는 동안 나는 스스로에게 이러한 질문을 던지기 시작했기 때문이다. 최전선이란 무엇인가? 경계는 무엇이며, 한계와 문턱은 또 무엇인가?

경계는 우리에게 필요한 틀을, 곧 존중되어야 할 구조를 제공한다. 수도원 생활은 이러한 경계의 역할을 분명하게 보여 준다. 시간과 공간의 경계를 세워 두되, 그것을 경직된 규칙이 아니라 유연한 리듬 속에서 지켜 나갈 때 삶에는 질서가 생기고, 바로 그 자리에서 자유가 자란다. (이는 가정이라는 또 다른 삶의 자리에서도 마찬가지이다.)[4] 훌륭한 심리학자라면 대부분 동의하겠지만, 경계는 인간에게 매우 중요하며 존중되어야 할 것이다. (또한 수도원 전통이 이 통찰을 오래 전부터 탁월하게 이해해 왔다는 점도 주목할 만하다.) 그러나 최전선은 다르다. 최전선은 타자를 밀어내기 위해 그어진 선이며, 적대와 공격성, 권력이 만들어 낸 구획이다. 하지만 웨일즈 접경지에서 내가 경험한 것은 경계도, 최전선도 아니었다. 그곳은 두 민족의 땅이 나란히 맞닿아 이어지는 접경지였다. ('변경의 땅'이라는 뜻의 마치스Marches, 그리고 변경의 영주Marcher Lords라는 말이 여기서 나왔다.) 이 접경지는 서로 다른 문화들과 역사들이 만나 얽히고, 서로에게 도전받으며, 그 만남 속에서 새로워질 수 있는 자리였다. 그리고 이러한 바깥의 경관, 곧 내가 살아가는 집과 터전에서 발견한 진실은, 내가 돌보고 가꾸는 내 안의 풍경, 다시 말해, 나의 내면에도 참되게 작동하고 있었다.

남아프리카공화국의 이스턴케이프에서 나는 이와 정반대의 모습을 보았다. 그곳에서는 제국의 군사력이 그어놓은 군사 경계선들이 서로 다른 민족들을 갈라놓고 있었다. 영국은 코사Xhosa 사람들을 넓은 피시 강Fish River 너머로 몰아내기 위해 말뚝을 박아 울타리를 치고 진을 구축했으며, 요새 망을 따라 순찰대를 상시 배치해 두었다. 그 일대에는 의도적으로 공포의 분위기가 조성되어 있었다. 이 모든 조치의 배후에는 배제와 분리를 통해 문화와 인종의 차이, 곧 백인과 흑인 사이에 분명한 선을 긋고자 했던 장벽의 논리가 자리하고 있었다. 19세기에 군사경계선이 땅 위에 직접 새겨졌고, 20세기에 들어서는 그 전선이 아파르트헤이트^{apartheid} 체제 아래에서 법과 사회, 경제 전반으로 확장되었다. 그 체제를 지지한 백인들은 자기네 입장이 옳다는 확신에 사로잡혀 타자를 향한 문을 닫아 버렸다. 오래전 남아프리카 사람들이 긴 행군 중 스스로를 보호하기 위해 수레를 원형으로 둘러 세워 **라거**^{laager}라는 방어 진지를 만들었던 것처럼, 그들 역시 자신들만의 라거를 세우고 그 안에 스스로를 가두었다. 그 결과 두 세계는 서로 닿지 못한 채, 연민도 이해도 없이 극단으로 갈라지고 말았다.

경계에 있는 수도원

웨일즈 변경의 땅에서 나는 감사한 마음으로 내가 속한 세계를 새삼 깨닫게 되었다. 이곳에서는 경관도 건축물도 내게 각기 다른 메시지를 건네 왔다. 내 집에서 몇 킬로미터 떨어진 몬머스^{Monmouth}의 성 마리아 소小수도원^{St Mary's Priory}*은 그야말로 모든 의미에서 경계의 장소이다. 이곳은 서로 다른 문화들과 사람들이 만나 얽혀 온 놀라운 이야기를 들려준다. 노르만 정복 이후 웨일즈에 세워진 베네딕트회 소수도원은 프랑스 루아르 밸리^{Loire Valley}에 있던 대수도원에서 갈라져 나온 분원이었고, 여기에 다시 브르타뉴인들이 참여하면서 켈트 요소까지 스며들게 되었다. 수

---

* 대수도원(Abbey)에 종속된 분원.

도원의 역사를 다룬 책의 서문에서 당시 웨일즈 대주교이자 몬머스 주교였던 로완 윌리엄스는 이러한 경계 상황의 의미를 깊이 파고들며 이렇게 설명한다.

이 역사는 그리스도교 사목의 중요한 면모를 탁월한 은유로 보여 준다. 이 수도원은 과거의 유산 위에 세워졌으면서도 동시에 새로운 방향으로 나아갔다. 낯선 이들에 의해 시작되었으나, 또한 같은 뿌리를 나눈 이들에 의해 세워진 공동체였다. 이곳은 모든 의미에서 '경계'의 장소이다. 그리고 이 수도원 건물들이 맞이할 미래는 그 경계를 어떻게 탐색해 나갈지에 달려 있다. 달리 말해, 이곳은 낯선 이들을 친족으로 바꾸어 가는 자리이며, 세상과 하느님 사이에서 위태롭게 변모하는 경계이자 사람들을 더 가까이 불러 모으는 곳이어야 한다. 하느님께서 진히 살과 피를 입고 제약조건 가득한 세상 속에 친히 들어오심으로써 자기를 뒤흔드신 바로 그 경계이기도 하다.

그렇다면 경계를 가로지를 때, 그것이 인간의 경계이든 하느님과 함께하는 기묘한 최전선이든, 우리는 늘 우리의 상상보다 더 넓게 환대하는 이, 혹은 그러한 현실을 만나게 될 것이다. 그리고 그 환대의 위험을 기꺼이 감수할 때, 비로소 그 사실을 배울 수 있을 것이다. 베네딕트 수도회는 하느님을 중심에 두면서도 낯선 이에게 집중하는 삶을 따른다. 하느님에게서 사람을, 사람에게서 하느님을 발견하는 삶, 하느님을 만나기 위해 타자에게 다가가고 타자를 알기 위해 하느님과 관계 맺는

삶이다.[5]

다음으로 넘어가기 전

문턱에 서서

로완 윌리엄스는 환대의 위험을 감수하라고 말한다. 성 베네딕트의 《규칙서*Rule*》에는 환대에 담긴 의미가 충만하게 제시되어 있다. 환대란 온기와 먹고 마실 거리를 제공하는 열린 문만을 뜻하지 않는다. 환대는 수용과 사랑을 내어주는 열린 마음이며, 무엇보다 기꺼이 귀 기울이고 받아들이며 주고받으려는 열린 생각까지 포함한다. 성 베네딕트는 모든 이를 환대하라고 가르친다. 그들 안에서 그리스도 그분의 모습을 볼 것이기 때문이다. 이것이 가리키는 바는 분명하다. 타자를 판단하거나 꼬리표 붙이지 않는 것, 비판적이거나 경쟁적 태도로 대하지 않는 것, 우리의 요구와 기대 속에 가두지 않는 것이다. 늘 그렇듯, 성 베네딕트는 신학적으로 깊은 가르침을 놀라울 만큼 구체적이고 현실적인 언어로 풀어낸다. 《규칙서》 62장에서 그는 수도원 문턱에 서 있는 문지기를 묘사한다. 이 문지기는 수도원의 다른 형제들을 대신해 이 환대의 기술을 실천하는 사람이다.

그는 다정하면서도 유머가 있고 지혜롭다. 아주 단순한 사

헤리퍼드 대성당 문턱 바닥의 돌, 리처드 킨더슬리 제작

다음으로 넘어가기 전: 문턱에 서서

람 같아 보이지만 실은 깊이를 지닌 인물이다. 우리는 문지기의 모습에서 우리가 따라야 할 면모를 놓치지 말아야 한다. 우리가 바라보는 이는 문턱에 서서 한쪽 발은 수도원 울타리 안을, 다른 한쪽 발은 바깥 세상을 딛고 있다. 누군가가 그 앞에 모습을 드러낼 때마다 그는 이렇게 외친다. '데오 그라티아스*Deo Gratias*.' '당신이 오신 것을 하느님께 감사드립니다.' 이야말로 사랑으로 열려 있는 진정한 환대이다. 성 베네딕트는 아주 간단한 표현 두 가지로 이 모습을 묘사한다. 바로 '하느님을 경외함에서 나오는 모든 온유함'이자 '사랑의 온기'이다.

나는 상상하고 기도하는 중에 이 문턱에 선 사람의 모습을 더 확장해 보았다. 낯선 사람만이 아니라 생경한 형편과 상황, 새롭게 밀려오는 요구들까지 맞이하는 모습으로 말이다. 그래서 설령 그것들이 전혀 예상치 못한 순간에 찾아와 내가 준비되지 않았다고 느끼고, 감당할 능력이 부족하다고 생각될 때에도, 나는 환대의 준비를 갖추려 한다. 뿌리를 단단히 내리고 있으면서도 동시에 열려 있는 존재, 안팎의 문턱에 서 있지만 양쪽에 심겨 있는 모습은 이제 내 삶의 다른 영역에서도 경험하고 싶은 상징이 되었다.

2장

때와 계절

빛과 어둠 사이 건너기

장소와 시간은 원초적이면서도 피할 수 없는 두 실재로서, 우리를 가두기도 하고 해방하기도 한다. 그렇다면 우리는 이 둘을 어떻게 다루어야 할까? 이 사실을 알아차리고 그에 대한 책임을 받아들이는 일만으로도, 우리는 이미 자유를 향해 첫걸음을 내딛는다. 나는 헤리퍼드 대성당에서 중세의 사슬 도서관*을 둘러보다가 뜻밖의 이미지를 맞닥뜨린 적이 있다. 시인이자 사제인 데이비드 스콧^{David Scott}이 일깨우듯, 하늘과 땅을 잇고 "뚜렷이 구별되는 두 거대한 실재 사이에 다리를 놓는 일"을 진지하게 고민한다면, 우리가 붙들 수 있는 도구는 결국 이미지들이다. 그러니 우리는 그 이미지들을 탐구할 수밖에 없다.[1] 헤리퍼드 대성당 안에는 마파 문디^{Mappa Mundi}**가 있다. 이 지도는 우리가 흔히 접하는 지도와 다르다. 겉보기에는 지리 현황을 나타내는 지도 같지

• 중세에는 책이 희귀한 귀중품이었으므로 책꽂이에 사슬로 묶어 서가에서만 보도록 했다.

•• 중세 유럽에서 그 시대 세계관을 따라 제작한 세계 지도.

만, 실제로는 중세인이 이해한 세계가 한 폭의 그림으로 담겨 있다. 이 지도 중심에는 예루살렘이 있고, 그 둘레에는 실제의 나라들과 상상의 영역이 함께 펼쳐지며, 인간과 비인간을 아우르는 온갖 피조물이 그 세계를 에워싼다. 둥근 세계 위, 삼각형의 꼭짓점에는 창조에서 구원까지 모든 사역을 주관하시는 그리스도가 존귀하게 앉아 계신다. 우리는 영광과 심판 가운데, 시간 안과 너머에 좌정해 계신 하느님을 본다. 그리고 여기서 나는 또 하나의 경계, 곧 시간과 영원 사이의 경계를 가리키는 이미지를 얻는다.[2]

우리에게 시간은 소비 세계가 만들어 낸 또 하나의 상품이 되어버렸다. 시간은 마감 기한과 계약조건에 휘둘리고, 성취 정도와 생산성에 따라 값이 매겨진다. 밤하늘의 부드럽고 미묘한 변화는 가로등이 뿜어내는 둔탁한 주황빛에 묻혀 버렸다. 달과 별의 움직임이라는, 본래 우리의 것이어어야 할 영원한 유산을 우리에게서 빼앗는다. 그러니 시간과 계절의 변화에 대한 감각을 되찾기란 쉬운 일이 아니다. 대형마트와 백화점에는 세계 곳곳에서 들여온 물품들이 계절의 감각을 덮어 버린다. 계절이 오고 가며 시간이 이어진다는 사실, 계절이 고유한 선물을 가져오리라는 기대와 기쁨은 희미해진다. 사계절 내내 키위와 토마토와 딸기를 맛보는 대신, 문턱에 서서 다가오는 새 계절과 그에 어울리는 풍요를 기다리는 경험은 점점 어려워진다.

그러나 이곳에 살다 보니, 이러한 움직임을 모르는 척할 수가 없다. 물의 흐름, 빛과 어둠의 이동, 차례로 찾아오고 물러가는 계절들. 그리고 그 모든 리듬 속에서 되풀이 되는 주제, 밀물

47

과 썰물, 죽음과 삶, 시들어 감과 다시 시작되는 창조와 재창조
가 해마다, 해를 거듭해 되살아난다. 이러한 리듬은 우리 생애 전
체에 걸쳐 여러 차례 반복되고, 그때마다 우리에게 반응과 참여
를 요구한다. 나는 파커 팔머^{Parker Palmer}가 미국 중서부 북부 지역
의 겨울에 대해 이러한 말을 들었다고 했던 것이 기억난다. "겨
울 속으로 직접 걸어 들어가는 법을 배우기 전까지는, 겨울이 당
신을 미치게 할 겁니다."

기억하고 다시 불러내기 위해, 이 리듬을 선물로 받아들이
며 살기 위해, 나는 빛과 어둠, 시간과 계절을 존중과 경외로 다
루는 법을 배우고 싶었다. 그래서 최근 몇 해 동안, 오래전 스코
틀랜드 섬들에 살던 켈트인들의 습관을 따라 밤낮과 계절이 바
뀌는 한 해의 리듬을 살펴보기 시작했다. 세대에서 세대로, 입에
서 입으로 전해 내려온 켈트 구전 전통에는 세상을 보는 그들 고
유의 방식이 생생히 새겨져 있다. 나는 그 시선을 내 삶에 들이기
로 마음먹었다. 물론 북반구의 기후 속에 살기에 비교적 자연스
럽게 그들의 리듬을 따라갈 수 있다. 그러나 내가 권하고 싶은 것
은 특정 지역성을 고수하라는 뜻이 아니라, 그 밑바탕의 태도와
시선이다. 각자가 자기 언어로 그것들을 찾아 길들여 가기를 바
란다.

매일 우리는 새벽과 황혼 사이를, 잠들고 깨어남 사이를 오
가며 밤과 낮이 번갈아 드나드는 변주를 경험한다. 결국 삶이란
이 피할 수 없는 리듬, 둘 사이를 가로지르는 규칙적인 경계가 빚
어내는 형태를 띤다. 빛과 어둠은 언제나 작가와 시인, 신학자,

그리고 땅 가까이 살던 옛 사람들의 상상력을 사로잡아 온 주제였다. 한번은 5세기에 활동했던 레오 대교황St Leo the Great의 성탄 설교 한 대목을 다시 만났다. 그때 나는 새삼 생각하게 되었다. 우리가 그리스도교 전통이 지닌 풍요로움을 소홀히 여겨 왔음을, 그로 인해 이처럼 찬란한 기운을 머금은 구절들을 충분히 길어 올리지 못하고 살아왔다는 사실을 말이다.

> 오 사람이여, [남자여, 여자여], 깨어나십시오!
> 당신 본성의 존엄을 배워 깨우치십시오.
> …
> 눈에 보이는 피조세계를 지음 받은 그대로 마땅하게 누리십시오.
> 이를테면 땅, 바다, 하늘, 공기, 샘물과 강을 말입니다.
> 아리땁고 경이로운 것들은 모두
> 그 자체로 하느님을 찬양하고 높인다는 사실을 알고 계십시오.
> 사물마다 내뿜는 빛을 온몸으로 느끼십시오.
> 그 참된 빛을 당신 영혼으로 온 힘을 다해 껴안으십시오.[3]

빛이 다가온다는 인식은 자연스레 실제적인 결과를 낳았다. 아침빛이 찾아오고 밤마다 그 빛이 사라지는 순환은 켈트인들의 삶과 노동을 좌우했고, 그들은 그 빛의 리듬에 기대 일상 속 의례를 빚었다. 오늘날 이 기도와 축복을 읽을 때 우리가 꼭 기억해야 할 점이 있다. 그들은 거칠고 낭만과는 거리가 멀며 위험한 환경 속에서, 즉 생계를 꾸려 나가려면 반드시 용기를 갖춰야 했던 세계에서 이처럼 기도했다는 사실이다. 그들은 의례를 지킴으로써 질서의 감각을 키웠고 시간과 계절이라는 실재에 잇닿은 삶을 살았다.

낮의 리듬

경계에 살다 보면 시간의 움직임을 아주 또렷하게 느낀다. 이를테면 낮과 밤, 계절의 변화, 그리고 이러한 흐름을 만드는 죽음과 삶, 어둠과 빛, 창조와 재창조 같은 것들을 말이다. 이러한 흐름은 우리가 도시에 살든 시골에 살든 피할 수 없는 실재이다. 해마다, 해를 거듭해, 그리고 생애 전체에 거쳐 우리는 어떤 원초적인 것, 반복되는 탄생과 죽음, 죽어가면서도 동시에 새로이 태어나는 생명을 맞닥뜨리기 때문이다.

켈트 세계에서는 날마다, 또 계절마다 의례가 있었기에, 시간이 흐른다는 사실은 늘 합당한 경외와 자각 가운데 인식되었다. 하루는 떠오르는 태양에게 인사하는 것으로 시작되었다. 사람들은 태양을 마치 자기들의 땅으로 금의환향하는 위대한 인물을 맞이하듯 환영했다. 아리세이그^{Arisaig}의 노인은 해가 산봉우리 너머로 떠오를 때마다 머리에 쓴 모자를 벗고 고개를 깊이 숙였다. 그리고 장엄한 태양에 대해, 그 빛이 세상 사람들과 온갖 동물들에게 베푸는 선함에 대해 위대하신 생명의 하느님께 영광을 돌렸다.

> 계절의 태양이여, 그대에게 문안하오니.
> 저 높은 하늘을 가로지르며 나아갈 때,
> 하늘의 날개 위를 디딘 그대의 걸음, 참으로 굳세구나.[4]

　이른 아침 집안에서 여인은 밤새 꺼지지 않고 타올랐던 불씨를 다듬어 그날의 가사 일을 시작하는 기초를 놓는다. 그녀는 잿불을 둥근 모양으로 고루 편 다음, 원 안에 잿불을 세 등분하여 고르게 배치한다. 각 부분 사이에는 토탄peat을 하나씩 놓는데, 세 개의 토탄은 원 중심에 불룩하게 솟은 작은 불덩이에 닿게 된다. 첫 번째 토탄은 생명의 하느님의 이름으로, 두 번째 토탄은 평화의 하느님의 이름으로, 세 번째 토탄은 은총의 하느님의 이름으로 놓인다. 마지막으로, 빛의 삼위Three of Light의 이름으로 그 원을 감싼다. 불, 빛, 온기는 하느님의 손길이 우리를 돌보시고 살리시는 이미지이며 우리 자신도 그러한 성품을 갖춰야 함을 일러주는 이미지로서, 매일의 의례로 실천되는 것이다. 이러한 풍습은 자칫하면 너무 낭만적이거나 먼 옛날의 이야기처럼 들릴 수 있다. 전기 스위치로 불을 켜고 자동 커피메이커와 전기 주전자를 사용하는 게 아침 의례가 되어버린 오늘날의 기술 문명에서 한참 동떨어진 행위처럼 보이기도 한다. 그러나 하느님의 현전을 자각하고 그분이 주신 힘과 물과 빛의 선물을 감사하며 의식적으로 행하는 행위의 본질은 동일하다. 깨어 있는 마음과 경

외감으로 행하는 행위는 하루의 시작에 의미를 부여하며, 그로
써 시간은 거룩해지고, 우리는 시간을 아껴 다루게 된다.

켈트 전통에서는 날마다 아침의 떠오르는 빛을 축복하고
기리면서 날마다 하늘나라를 떠올리고 먼 훗날 맞이할 영원한
빛을 상상한다.

오 하느님, 지난밤 쉬게 하시고
이 아침의 기쁜 빛으로 나를 이끄신 분.
이날의 새 빛에서 나를 이끌어
영원한 빛으로 인도하시는 분.
오! 이날의 새 빛으로부터
영원한 빛으로 인도하소서.

빛이 저물고 어스름이 내려앉는 저녁 무렵에, 아프리카의
자연학자들이 일컫길 야생의 생명들에게 어둠이 도래하는 '전환
의 시간'에 드리는 기도도 있다.

나는 소망하나이다, 알맞은 때에,
크고 자비로우신 하느님께서
내게서 은총의 빛을 거두지 않으시기를,
이 밤, 빛이 나를 떠나 물러가더라도.

이 기도는 도시의 가치가 지배하는 문화 속에서 우리가 너

무도 쉽게 잊어버리는 한 가지 사실을 상기시킨다. 곧 빛과 어둠 모두가 제 역할을 한다는 사실이다. 아프리카와 잉글랜드를 모두 경험했고 현재는 북웨일즈의 접경지에 살고 있는 주교 존 데이비스John Davies는 이렇게 일깨운다. "하느님의 섭리 안에는 어둠, 밤, 그림자가 차지하는 자리가 있습니다. 우리는 수정과 출생 사이의 시간 동안, 어둠 속에서 형성됩니다. 우리 몸이 신비롭게 작동하는 일 또한 어둠 속에서 벌어집니다. 씨앗은 어둠 속에서 비밀스럽게 조용히 자랍니다.…그 어둠이 하느님의 첫 번째 선물인 빛을 거스르는 것처럼 느껴질 때에도, 우리는 이 어둠을 인정하고 이 어둠과 더불어 살아가는 법을 배워야 합니다."[5]

시편 기자는 "당신에게는 빛도 어둠도 구별이 없습니다"(시 139:12)라고 노래한다. 우리가 이스라엘 백성의 노래들에서 많은 것을 배우듯, 켈트인들의 마음과 입술에 늘 머물던 노래들에서도 배울 수 있다. 그 노래들은 내가 쉽게 잊고 지나쳤을 것들을, 어둠에서 빛으로 빛에서 어둠으로 옮겨가는 건너감의 순간들을, 날마다 해마다 나를 이쪽에서 저쪽으로 데려가는 바로 그 시간들을 의식하게 만든다.

크신 하느님의 눈
영광스러우신 하느님의,
만군의 왕이신 분의 눈,
살아 있는 이들의 왕이신 분의 눈,
그 눈이 우리를 굽어보시네.

모든 때와 계절마다
온화하고도 후하게
우리를 굽어보시네.

수많은 시대를 지나오며 사람들은 다가오는 빛을 기뻐했다. 새벽의 빛, 생명의 빛, 그리스도 그분이신 빛을 찬양하며 셀 수 없이 많은 기도를 바쳐 왔다. 마지막으로, 켈트 전통을 돌아보면서도 앵글로색슨 세계가 지닌 풍요로움을 잊지 않기 위해 베다Bede의 글에서 가져온 기도로 마무리하고자 한다.

오 주여, 당신의 빛을 우리에게 주소서,
우리 마음의 어둠이
온전히 사라져서
마침내 빛으로,
그리스도에게로 이르게 하소서.
그리스도는 새벽 별이시니,
이 세상의 밤이 지나갈 때
우리에게
약속된 생명의 빛을 가져오시고,
주께 속한 이들에게
영원한 날을 열어 주시나이다. 아멘.[6]

계절을 기도하기

최근 몇 년, 나는 의식적으로 켈트인들의 방식대로 시간의 무늬를 따라 살아보려 했고, 그 과정에서 예전에는 알지 못했던 기쁨을 얻었다. 예전과는 비교할 수 없을 만큼 변화를 소중히 여기게 되었기 때문이다. 무엇보다 한 해에 네 차례, 계절에서 계절로 건너가는 전환의 순간마다 잠시 멈추어 축제를 벌이는 날들이 있다는 사실에 감사하게 된다. 태양이 해마다 네 '자리'를 통과할 때, 곧 춘분·추분과 동지·하지는 그 해에서 특별한 의미를 갖는 순간이 되었다. 그것들은 각기 이름과 의례를 지닌 채, 다음 계절로 우리를 데려가는 문턱의 순간으로 기념되었다.

한 해는 11월 1일 삼하인Samhaine[•]에서 시작되었다. 내 주변의 시골 사람들은 지금도 이때를 '한 해의 방향이 바뀌는 시간'이라 부른다. 그리스도교 이전의 삼하인을 지키든, 모든 성인의 축일과 위령 축일로 지키든, 이때는 한 해 중 가장 '얇아지는' 때, 곧 시간과 영원 사이의 장막이 유난히 투명해지기 쉬운 때이다. 낮은 짧아지고 어둠은 길어지며, 온갖 고단함과 병폐를 동반한 겨울의 기운이 다가오면, 여름철 목초지로 떠났던 양 떼와 가축 떼를 데리고 평지로 내려왔고 더는 기르기 힘든 짐승들을 도축했으며 그 사체와 뼈는 모닥불 속에서 태웠다. 헤브리디즈 출신

• 켈트 일족인 게일 문화권(아일랜드, 스코틀랜드, 맨섬 등)의 축제. 가을 수확기가 끝나고 한 해의 어두운 절반기가 시작되는 것을 기념한다. 북반구의 추분과 동지 중간쯤인 11월 1일에 열린다.

의 20세기 시인 조지 매케이 브라운^{George Mackay Brown}의 말처럼, 마치 "태양의 아이들이 빛에게, 어둠으로부터 돌아와 자기들 곁에 머물러 달라고, 낮이 짧아지는 가을과 겨울 동안 곡식과 우유와 양털을 내어 달라고 간절하게 청하는 것처럼" 보이는 때였다.[7] 풍경은 옷이 벗겨지듯 헐벗고, 차가워지며, 앙상해지다가, 마침내 죽은 듯 고요해진다.

흘러가는 계절 속에서 우리는 여전히 의미를 길어 올릴 수 있을까? 기도의 결 속에 계절의 변화가 스며들 만큼, 우리는 그 변화에 자신을 내어 맡기며 살 수 있을까? 달이 차고 기우는 모습을 볼 수 있는 곳, 별들이 지평선을 가로질러 이동하는 궤적을 눈으로 따라갈 수 있는 곳, 나무들이 잎을 틔우고 떨구는 순환과 나를 둘러싼 색채의 농담濃淡을 면면이 지켜볼 수 있는 곳이라면, 그런 장소라면 가능할지도 모른다. 나는 이제 한 해의 시작을 11월 1일, 곧 낮이 짧아지기 시작하는 때로 삼기 시작했으며, 이는 내 삶에서 점점 더 의미 깊고 힘 있는 일로 자리 잡았다. 도시에서는 반드시 다른 방식이 필요하겠지만, 마음만 먹는다면 계절의 순환을 묵상의 기도로 빚어가게끔 도와주는 이미지들을 찾아볼 수 있을 것이다.

다운사이드 베네딕트 대수도원^{Benedictine Abbey of Downside}의 전임 수도원장이었던 필립 젭 신부^{Fr Philip Jebb OSB}는 여기에 대해 이렇게 응답한다.

겨울은 나름의 메시지를 지니고 있다.

…

나무들은 잎도, 꽃도, 열매도 없이 벌거벗었다.

그러나 앙상한 가지들은 우리에게 별들의 한 귀퉁이를 언뜻 비

    춰준다.

그 가지들은 마치 손가락처럼 하늘을 향해 뻗어 올랐고,

그 뿌리는 단단히 땅을 붙들고 있다.

굵은 몸통이 가지들과 뿌리를 이어 주며, 그 사이에는 생명의

    흐름이 오간다.

이처럼 나무는 우리가 가진 두 겹의 본성과 유산을 상징한다.[8]

2월 1일 임볼크Imbolc·와 함께 봄이 시작된다. (이날은 성 브리
지트St Brigid의 축일이기도 하며, 그 다음 날은 캔들마스Candlemas이다.) 이때
는 암양들이 젖을 내기 시작하는 시기이자, 북반구에 사는 우리
에게는 첫 새싹이 햇빛의 약속에 이끌려 어두운 흙을 뚫고 올라
오기 시작하는 순간이다.

새로운 공기를 들이마십니다.

그 공기는 이제 더는 죽음처럼 차갑지 않습니다.

꽃들은 주님의 빛에,

바로 점점 힘을 더해 가는 태양에 응답합니다.

이와 같이 우리의 마음도 주님의 사랑과 은총에 응답하게 하

· 봄의 시작을 알리는 축제. 북반구의 동지와 춘분의 중간쯤인 2월 1일에 열린다.

소서.

새들은 노래를 터뜨리며 우리에게 주님을 높이는 찬양을 들려

주ㅂ니다.

이와 같이 우리의 마음도 삶의 모든 순간, 모든 결에서

주님을 찬양하게 하소서.

얼어붙었던 땅과 물은 풀려 새 생명으로 녹아내립니다.

이와 같이 굳어진 우리의 마음도 풀려

온유와 사랑으로 부드러워지게 하소서.

주님께서는 우리를 부활케 하시고 생명의 숨결을 불어넣어 주

십니다.

이 모든 걸 드러내는 수많은 형상과 표지들 앞에서 우리는 그

저 압도될 뿐입니다.

한 해의 축은 천천히 기울면서 우리를 여름의 시작으로, 벨
터녀Beltaine•를 기념하는 5월 1일로 데려간다. 이제 빛이 어둠을
앞지르기 시작하고, 낮은 길어지며 밤은 짧아진다. 이때 겨울 우
리에 있던 가축 떼는 다시 고지대의 목초지로 올라가 여름 내내
풀을 뜯고 살을 찌운다. 사람들도 가축과 함께 옮겨 다녔기에 해
마다 반복되는 규칙적인 이동의 리듬이 있었다. 이 일대 곳곳에
남아 있는 농장 헨드레hendre••와 하보드hafod•••는 각각 겨울 농장

• 켈트인의 봄 축제 중 마지막 축제이자 여름의 시작을 알리는 축제. 전통적으로 북반구의 춘분
과 하지 중간쯤인 5월 1일에 열린다.

경계를 살다

과 여름 농장을 가리키는데, 그 덕분에 지금도 이곳 경관에는 한 해를 따라 옮겨 다니는 전환의 무늬가 새겨져 있다.

임볼크가 빛의 계절이라면, 벨터녀는 성장의 계절이다. 이 시기 기도에는 충만을 향한 찬양이 담겨 있다.

> 당신의 창조하는 힘, 그 강렬한 형상이
> 당신의 창조에 대하여 끝없이 다양하게
> 상상하도록 만듭니다.
> 색채, 향내, 그리고 소리.
> 아름다움을 빚고
> 평온과 기쁨을 흩뿌립니다.

마지막으로, 8월 1일 라마스^{Lammas}****는 땅이 열매를 낳는 추수의 시작을 알리는 날이다. 오늘날의 한 해 리듬은 학교의 학기와 방학이 정해 놓은 새로운 규칙에 맞춰져 있는 탓에 계절에 담긴 더 오래되고 자연스러운 리듬은 뒤로 밀려난다. 그래서 우리에게 익숙한 8월은 한여름의 절정, 바닷가 휴가, 캠핑, 해외여행을 떠나는 시기이다. 그러나 이제 나는 켈트의 시간 감각을 따

•• 웨일즈어로 오래된 농가, 농장, 거주지를 일컫는다.

••• 웨일즈어로 산악 지역에서 여름철에 사용하는 임시 거주지를 의미한다. 여름이 되면 사람들은 낮은 지대의 헨드레에서 높은 지대의 하보드로 이동해 목초지에 가축을 방목하고 여름 농업 활동을 했다.

•••• 루너서(Lughnasadh)라고도 부른다. 가을 축제 중 가장 먼저 시작되는 축제. 풍작을 기원하고 수확의 때가 온 것을 축하하는 절기이다.

2. 때와 계절: 빛과 어둠 사이 건너기

라가 보는 편이 훨씬 더 설득력 있다고 느낀다. 이때는 추수철, 곧 열매를 거두어들이는 때이자, 밭과 산울타리, 과수원에서 나는 주된 작물들을, 우리의 삶을 지탱해 주는 먹을거리를 기뻐하며 축하하는 시기이다. 동시에 그것들을 각각에 가장 알맞은 방식으로 저장하고 보존하고 간직하는 시간이기도 하다. 안타깝게도 오늘날 많은 사람들에게 이러한 과정은 점차 사라지는 중이다. 우리의 삶은 너무 빨라졌고 손쉽게 냉동식품을 구할 수 있게 되면서, 예전 세대의 전통적인 기술들, 곧 각 사물이 제철에 이르러 익어갈 때 그 고유한 특징과 품질을 존중하며 거두고 다루던 기술들이 더불어 잊히고 있기 때문이다.

8월 6일 주님의 변모 축일에 거행하는 정교회 전례는 첫 열매에 대한 축복으로 마무리된다. 이때는 풍요의 문턱을 막 건너온 순간이기에 마땅히 가장 기쁜 시기 가운데 하나로 기려진다. 필립 젭은 이렇게 기도한다.

꽃에 씨가 영글고 열매가 맺혔습니다.
우리의 기쁨과,
우리의 양식과,
우리의 앞날을 위해서입니다.
지금은 성취되고 완성되는 시간,
나름의 아름다움이 드러나는 때입니다.
주님의 섭리가 드러나는
완전한 상징이 여기 있습니다.

주님께서 우리에게 주셨습니다. 이 열매들을 기뻐하며
주님의 너그러우신 사랑 안에서 즐거워합니다.

3장

삶의 변화를 끌어안기

태어나서 죽을 때까지

경계를 가로지른다는 주제를 내 삶의 무늬에 담아낼 수 있을까? 태어나 죽기까지, 우리 인생은 얼마나 많은 전환을 맞이하는가? 오늘날 사회에서 화려하게 치러지는 사회적이자 종교적인 세 가지 의례, 즉 세례, 결혼, 죽음을 제외하면, 다른 전환들은 대개 특정 의례를 거치지도 않는다. 유아세례, 결혼식, 장례식은 공적으로도 관심을 받는 때이기에 의례를 지키는 것은 매우 타당하다고 할 수 있다. 그러나 무언가 더 필요하다고 느낄 때, 일련의 건너감의 순간들을 은밀하고 사적인 차원에서 의례로 드러내고자 할 때, 실은 이러한 순간들이 우리 모두의 삶에 존재함을 인정하고 싶을 때, 앞서 세 의례만으로는 충분하지 않다.

아프리카의 모든 아이들의 정신 속에 자리잡은 전통적 세계관은 두 세계가 하나로 연결되어 있다고 이해한다. 곧 산 자들의 세계와 죽은 자들의 세계가 하느님의 주권과 영향 아래 하나의 전체이자 완전한 공동체를 이룬다는 것이다. 아프리카 사람들은 이렇게 서로 겹쳐지고 연결된 두 세계에 속해 있다. 그들은 영들의 세계를, 그리고 인간이 더 큰 체계의 일부라는 사실을 잊지 않는다. 이 땅을 하느님께서 주신 선물, 죽은 이들과 산 이들이 만나는 자리로 바라본다. 그들은 우리에게 근원적인 것, 보편적인 것, 그리고 모두가 원초적 전망의 일부로서 이미 알고 있는 것들에 관해 말해 준다. 우리 또한 그 전망을 물려받은 이들이지만, 그럼에도 이따금 그 전망을 소홀히 해왔으므로 이제는 하느님의 은총 안에서 되찾아야 한다는 사실을 말이다.

《카르미나 가델리카*Carmina Gadelica*》를 보면, 스코틀랜드의 산악 지대들과 주변 섬들에서는 꽤 최근까지 인생의 단계마다 가정의례와 축복식이 수행됐던 것을 알 수 있다. 가정의례는 집집마다 식구들이 직접 집전했다. 아기가 태어나는 순간부터 어머니는 교회에서 집전하는 성직자 중심의 공식적인 '큰' 세례와 자신이 집에서 주관하는 출생 세례를 분명히 구분했을 터이다. 우선 아기가 갓 태어나면 아궁이 위를 세 번 오가게 했다. 그런 다음 아기를 해의 운행 방향을 따라 아궁이 주변으로 세 번 둘렀다. 이 행위는 아기가 우주의 자연스러운 리듬과 흐름 안에 안착하길 바라는 행위였다. 마지막으로는 아기의 머리 위에 세 방울의 물을 떨어뜨렸다. 여기에는 시간의 제약을 넘어서는 원초적

• 19세기 중반 에든버러에서 온 알렉산더 카마이클(Alexander Carmichael)이라는 관리가 스코틀랜드 서부 해안과 헤브리디즈에서 구두 전승으로 수 세기에 걸쳐 내려오는 기도, 주문, 축복, 민요를 수집해 엮은 모음집.

요소들, 우리의 직접적인 경험을 훌쩍 넘어서는 강렬한 이미지들이 담겨 있다.

성인이 될 때

아프리카에서의 경험을 통해 나는 이러한 의례들이 얼마나 강력할 수 있는지, 그리고 얼마나 강력해야 하는지를 새삼 깨닫게 되었다. 짐바브웨(내가 머물던 당시 이름으로는 로디지아^{Rhodesia})에는 어린 소년들의 귀를 뚫는 관습이 있었는데, 이것은 남성이 되는 입문 의례의 첫 단계였다. 오랫동안 그곳에 뿌리내리며 살았고 이 의례의 뜻을 잘 이해하고 있는 한 의사의 말에 따르면, 귀를 뚫는 행위를 통해 사물들의 영에게 귀를 '열어 주는 것'이라고 했다. 그 결과 그는 세상일을 제대로 듣고 이해할 수 있게 되었고, 어린아이의 수준을 벗어나 이해하면서 경청하는 법을 배우게 되었다고 말한다. 이 모든 것은 앎을 향해 나아가는 길에 대한 아프리카 특유의 이해와 감각을 보여 준다. "나는 나 자신의 내면을 어떻게 알 것인가, 그리고 그것을 어떻게 쓸 것인가에 대해, 다른 이들은 어떻게 살고 어떻게 생각하는지에 대해 집중해야 했습니다. 그리고 자연의 복잡한 결들이 어떻게 조화를 이루며 전체로 엮여 들어가는지를 배우는 데 집중해야 했습니다."[1]

남아프리카 공화국에서 성 십자가 수도회 수도자들과 함께 지내고 있을 때였다. 한 젊은 남성이 자신의 문화에 따라 전통적인 성년 의례를 치르고 있었다. 그는 수도원 터 끝자락에 있는 작은 오두막에 있었다. 물론 나는 그를 볼 수 없었는데, 이 의례에서 여성은 일절 참여할 수 없기 때문이다. 그럼에도 나는 그 안에서 무슨 일이 일어나는지 알고 있었다. 코사 부족 사회에는 전통과 관습이 단단히 뿌리내리고 있기 때문에, 그 부족에 속한 사람은 유아기부터 청소년기, 청년기, 장년기, 그리고 노년기에 이르기까지 단계마다 그에 맞는 옷을 입고 노래를 부르고 춤을 춘다. 그들은 이렇게 연령대를 구분하는 것이 사회 구조에 안정을 가져오고 일련의 책임과 의무를 질서 있게 만든다고 믿는다. 젊은 움케타^{umkhetha}(입문 과정에 있는 청년)는 할례를 중심으로 하는 성년 의례를 치르고 있었다. 이 기간 상처가 아물 때까지 그는 부족 공동체의 모든 생활에서 완전히 분리되고 배제된다. 시간이 지나면 마침내 이 젊은이들이 새 옷을 입고 모습을 드러낸다. 특히 트위드^{tweed} 직물의 모자 차림이 눈에 띄는데, 이는 그들이 사회 속에서 새로운 지위를 갖추었음을 공개적으로 드러내는 표시였다. 이러한 과정은 서구의 경험과 상당히 거리가 있어 보일지 모른다. 그러나 내게는 대단히 강렬한 이미지로 다가왔다. 젊은이들은 담요 한 장만 두른 채, 나중에 불태워 버리고자 나뭇가지를 엮어 임시로 지은 오두막에서 시간을 보냈다. 이 입문 시기에는 가난과 벌거벗음, 혹은 거의 벌거벗다시피 한 상태로 지내야 했다. 여기에는 마치 다시 태어난다는 느낌, 자신을 벗어 버리고 백지 상태가 되어 부족의 지식과 지혜로 채워질 준비를 하는 의미가 있다. 나는 이 일련의 장면이 수도원에 막 들어온 수련 수사의 모습과 닮아 있다고 생각했다. 수도 공동체에 들어오는 예식에서 수련 수사는 땅에 엎드린 채 이렇게 말한다. "나를 받아 주소서Suscipe me, 받아들이소서, 맞아들이소서. 나는 받기 위해 하느님 앞에 비어 있습니다."

헤브리디즈에는 어머니가 집을 떠나는 딸과 아들에게 건네던 축복의 말이 있다. 그 말이 풍기는 힘은 온몸으로 느껴질 만큼 구체적이고 강력하다.

크신 하느님께서 너의 어깨 위와 그 사이에 머무시어
네가 가고 오는 길에 너를 지켜 주시기를

아들이나 딸을 떠나보내며 그들을 하느님의 보호 아래 맡기고 자유롭게 놓아주는 이러한 의례는, 오늘날 서구 사회의 성장 과정 속에서 자연스럽게 겪을 수 있는 일들과는 사뭇 다르다. 그럼에도 이러한 장면들은 인생의 수많은 전환 가운데에서도 가장 중요한 단계, 곧 가족이라는 울타리를 떠나 자유와 성숙으로 들어서는 그 문턱의 시간을 선명하게 떠올리게 만든다.

죽음

죽음의 시간이 가까워질수록, 우리 곁에 머무시며 지금까지 걸어온 모든 길, 모든 걸음을 함께하신 하느님의 현전에 대한 신뢰는 한결같다. 그렇기에 켈트인들의 말대로 "죽음의 검은 강, 어둠의 거대한 바다, 영원의 산들을 건너기 전에" 청하는 축복들은 멀게 느껴지거나 추상적이지 않다. 장례식은 가족과 친구들이 함께하는 사건이지만, 죽어가는 시간은 철저히 개인 고유의 시간이다. 나는 한 나이 든 여성의 임종을 지키며 임종 축복문을 거듭 낭송하던 중, 그 기도의 말들이 마치 시간 바깥에 놓여 있다는 느낌을 받았다. 그 기도를 되풀이할수록, 그 말들은 시간에 속하지 않는 듯한 깊이를 더욱 또렷이 드러냈다. 이어지는 기도문에 나오듯, 이 축복들은 건너감의 의미를 강하게 품고 있다. 결국 이 생에서 저편으로 건너가는 마지막 순간은 누구나 혼자서 맞이해야 하지만, 우리보다 앞서 떠난 이들, 성인들과 천사들이 우리를 하느님께로 데려가기 위해 기다리고 있다.

하늘에 있는 모든 성인들,
하늘에 있는 모든 성녀들,
하늘에 있는 모든 천사들이
당신을 향해 두 팔을 활짝 벌리고
당신의 길을 평탄하게 하시기를,
당신이 저편으로 건너는 때에,
잘 보이지 않는 그 강을 건너는 때에.
아, 마침내 당신이 본향으로 돌아가기 위해
잘 보이지 않는 그 강을 건너는 때에.[2]

이러한 눈으로 세상을 보기 시작한다면, 해가 지고 잠이 드는 일상 속 행위에서 끝내 잠과 죽음을 지나 빛과 생명으로 인도되는 마지막 건너감을 예감할 수 있을 것이다.

오 그리스도여, 이 영혼을 당신의 팔로 안아 주소서,
하늘 도성의 임금이신 주님이시여.[3]

변화를 끌어안기

광야를 지나던 이스라엘 백성들의 여정처럼 삶은 끊임없이 문턱을 건너간다. 그들의 여정에는 지금 우리의 경험으로 가져올 만한 상징과 이미지가 풍부하다. 유월절과 출애굽이라는 말 자체에 이미 속박을 벗어나 자유를 향해 떠나는 여정이라는 의미가 담겨 있다. 무엇보다 유월절은 해마다 되풀이되는 의례였다. 유월절마다 그날의 기억은 되살아나 그들은 그날 행했던 일들을 매번 반복했다.

자유를 바라던 우리의 노래를 부르며
유월절을 살아내는 법을 익혀 가는 동안,
…서서히 우리 삶의 모습은 달라지기 시작하네.
마침내 우리 삶은 자유의 얼굴을 띤다네.[4]

시편은 그들이 떠돌아다니는 중에 불렀던 노래였다. 그들은 수없이 주먹을 치켜들고 하느님께 성난 목소리로 외치면서 그들 삶 어디에 하느님의 뜻이 있는지 물었다. 그분은 신실한 당신의 백성을 잊어버렸고, 그들을 배신하셨는가? 만일 시편을 정갈하게 손질하거나 불편한 대목을 덜어내거나 감상적으로 다듬어 버린다면, 시편은 그 힘을 잃을 것이다. 익숙한 자리에서 쫓겨나 미지의 곳으로 몰렸던 이들의 노래가 시편이다. 그 노래에서 드러나는 하느님께서는 이따금 모든 확실성을 없애 버리고 위태로운 경로로 인도하는 분이시다. 그들은 시냇물이 잔잔히 흐르거나 초목이 보기 좋게 자란 땅에 오래 앉아 쉬지 못했다. 우리가 그들을 따라 시편으로 기도한다면, 우리 역시 월터 브루그만^{Walter Brueggemann}의 표현처럼 "거칠고 싸늘한 가장자리"로 내몰리는 것이다.[5]

복음서 안에서 그리스도는 모든 확실성을 흩어 버리시면서, 자유가 뜻하는 바를 보여 주신다. 그분은 사람들의 삶으로 들어가 이미 굳어져 버린 상황을, 그게 뭐가 됐든 **해체하신다**. 그 상황은 대개 안전과 안정을 약속하던 자리였다. 그러나 그리스도는 사람들에게 그물을 버리고 편안한 세관 자리를 **떠나** 자신을 따르라고 요구하신다. 그분은 베드로와 야고보와 요한에게는 "오라" 하시고, 마태에게는 "일어나라, 움직이라, 걸어라, 나와 함께 가자"고 말씀하신다. 우리의 하느님께서는 움직이는 하느님이시며, 그 움직임 안으로 우리를 초대하신다. 그분은 우리의 경력, 가족 관계, 돈벌이 같은 것들이 우리를 너무 단단히 움켜쥐지 못하도록, 그 손아귀를 살짝 풀어 그 안에서 우리를 떼어내고 자 하신다. 우리는 언젠가 연결을 끊을 준비, 벗어날 준비를 해야 한다. 과거에는 분명히 선하고 옳았던 것들이라도, 어느 시점에는 그것들을 내려놓아야 할 때가 온다. 그것들이 오히려 우리가 앞으로 나아가지 못하게끔 방해하고 우리에게 필요한 유일한 분, 곧 그리스도와의 새로운 연결을 방해할 수 있기 때문이다.

브루그만은 이스라엘 역사 중 어느 한 시점을 다룰 때, 즉 주전 597년 예루살렘이 함락되고 성전이 무너졌던 사건을 이야기하면서 단어 하나를 중요하게 언급한다. 바로 **내려놓음**이다.[6] 이 말은 모든 것이 끝난 듯 보일 때, 자신을 열어젖히고 하느님께서 주시는 새로운 선물과 삶의 새로운 형태를 기꺼이 받아들이는 태도를 뜻하는 은유이기도 하다. 물론 상실은 실제로 일어나는 일이며, 이를 애도하고 부정하지 않는 자세는 마땅하다. 삶이 불안정해질 때 확실성은 매력적으로 다가온다. 우리는 내가 세운 구상과 계획에 어떻게든 하느님을 끌어다 맞추려 한다. 취약한 상태로 남아 있는 일은 너무 위험하다고 느끼기 때문이다. 그러나 이 취약함 때문에라도 나의 계획 대신 하느님의 계획을 신뢰하고 소망해야 한다. 이러한 까닭에 나는 앞으로 나아가라는 부름을 들을 때마다, 지나간 것들을 내려놓고 뒤로 돌려보낸다. 두 손을 비운 채로 새로움을 맞이할 준비를 갖춘다.

부활하신 그리스도는 동산에서 막달라 마리아에게 부드럽지만 분명하게 말씀하신다. '놀리 메 탕게레*Noli me tangere*.' 흔히 '나를 만지지 말라'라고 번역되는 이 말은, 사실 여기서 벌어지고 있는 일의 의미를 놓치게 만든다. 그리스어를 더 정확하게 옮기자면, '나를 붙들려 하지 말라'라는 의미에 가깝다. 우리는 분명 만져야 한다. 옷자락을 만지고, 상처를 손으로 더듬어 그 실재를 느껴야 한다. 그러나 **붙들고 매달려서는** 안 된다. 거기에는 잘못된 방식으로 집착하고 의존하며 놓지 못한 채 움켜쥐려는 위험이 도사리고 있기 때문이다.

나는 솔즈베리 대성당Salisbury Cathedral 경내에 세워 둔 엘리자베스 프링크Elisabeth Frink의 〈걸어가는 성녀Walking Madonna〉 조각상을 무척 좋아한다. 그 젊은 여인은 미래를 향해 당당히 발걸음을 내딛고 있다. 한 손에는 힘과 결연함이, 다른 한 손에는 연약함이 고스란히 드러난다. 그녀는 자신이 주님을, 다시 사신 그리스도를 뵈었음을 안다. 그녀는 부활의 메시지를 들었고, 이제 문턱을 넘어 자신 앞에 펼쳐질 어떤 일과도 맞설 준비가 되어 있다.

무엇이 그녀로 하여금 오늘을 향해 나아갈 힘을 주는 것일까? 그처럼 깊은 확신, 사랑 어린 환영의 외침, 불확실하고 알 수 없는 미래를 향해 "데오 그라티아스, 하느님께 감사"라고 말할 수 있는 그 마음은 어디에서 오는 것일까?

엘리자베스 프링크, 〈걸어가는 성녀〉, 솔즈베리 대성당

다음으로 넘어가기 전:

성인들과 천사들과 함께 건너기

이 세계와 다음 세계 사이의 장벽이 허물어진다. 켈트의 축복과 의례에는 아프리카에서 말하는 '살아 있는 죽은 이들'의 감각이 스며들어 있다. 이러한 생각은 20세기 웨일즈 지역에서 지어진 한 편의 시에 아름답게 표현되어 있다. 그 시는 오늘날에도 성 데이비드^{St David}가 웨일즈 땅 위를 거닐고 있음을 드러낸다.

교회 안에서는 두 세계 사이를 가르는 장벽이 없다.
이 땅에서 분투하는 교회는
하늘에서 승리한 교회와 하나이며,
성인들은 둘이면서도 하나인 이 교회 안에 함께 있다.[1]

우리가 걷는 길마다 성인들이 동행한다. 천사들은 하늘과 땅을 거침없이 오간다. 두 세계 사이에서는 이러한 왕래가 끊임없이 일어난다. 웨일즈의 탁월한 시인 딜런 토머스^{Dylan Thomas}의 말처럼, "언덕은 천사에 닿는다." 이 지역에는 다른 어느 곳보다도 성 미카엘^{St Michael}과 그의 모든 천사들을 기리는 흔적이 유난히 많다. 소박하고 꾸밈없는 천사들은 교회 뜰 무덤의 비석에서 우리를 향해 미소 짓는다. 때로는 교회 벽에 걸린 추모 명판 위에서, 그 아래 앉아 있는 우리를 내려다보기도 한다. 애버개브니에 있는 소수도원 교회 안에 거대한 나무 조각상에는 옆으로 누운 이새와 그의 머리맡을 지키는 천사가 새겨져 있다.

그의 머리맡에서 천사는 그를 대신해 깨어 있습니다.
이새는 아직 일어나지 않아도 됩니다.
놀라움 속에서, 천사가
보고 있습니다.[2]

19세기 웨일즈 접경지에 살았던 시골 지방의 사목자이자 일기 작가였던 프랜시스 킬버트^{Frances Kilvert}는, 자신이 관할하던 지역 사람들과 친밀하게 지내며 그 지역 전통을 누구보다 깊이 이해했던 인물이다. 그는 어느 교회에서 부활절 새벽, 사람들이 모여 "태양이 물 위에서 춤추고 노는 모습을 바라보고, 부활의 순간 그 자리에 있던 천사들이 태양 앞에서 이리저리 오가며 뛰노는 것을 보려고 했다"라는 이야기를 들었다. 그 지역 시인 루스 비드굿^{Ruth Bidgood}이 '부활의 천사들^{Resurrection Angels}'에서 말하듯, 이 천사들은 어떤 실용적인 목적을 위해 거기에 있는 것이 아니었다. 병을 고치기 위해서도 아니었다. 그들은 그저 놀고 있었을 뿐이었다. 그러나 춤추고 노는 천사들의 몸짓은, 그 장면을 지켜보던 한 사람 한 사람의 마음에 잔물결을 일으켰다.

앞뒤로 오가는구나, 날개들이 앞뒤로,

물 위를 오가며, 태양 앞에서 뛰노는 중에.

…

사람들은 할 말을 잃는구나.

그 놀라움을, 고유의 풍요로움을

어떻게 말로 옮길지 알지 못하는구나.

저마다의 핏줄에서 각자의 춤이 일어나고

영혼 위로는 펄럭이는 날개의 깃이 살며시 스치는구나.[3]

4장

안과 밖을 잇기

내면의 회랑

윌리엄 컨트리먼은 제목부터 의미심장한 그의 책《거룩의 경계 위에서 살기*Living on the Border of the Holy*》에서 우리 내면에도 경계의 땅이 있다고 말한다. 그는 그것을 우리 삶 한가운데를 곧게 가로질러 지나는 단층선에 비유한다. 물론 우리는 이를 못 본 척하며 살아갈 수도 있지만, 그렇다고 해서 그 경계가 사라지지는 않는다. 우리 모두에게는 이러한 단층선이 있으며, 저마다 각자의 방식으로 그 경계를 경험한다. 그것은 우리가 어떤 존재인지를 말해 주기 때문이다. 경계의 땅은 일상이라는 현실을 더 깊은 뿌리와 연결한다. 컨트리먼은 경계의 땅이야말로 인간 실존의 의미를 발견할 수 있는 영역이라고 주장하는 듯하다.

이 경계의 땅은 강렬한 생동감이 넘치는 장소이다. 우리를 일상 세계로부터 떼어 내기보다, 오히려 더 깊은 실재 속으로 던져 넣어 일상 세계가 표면에 불과함을 일깨워준다.…잠시라도 그곳에 산다는 것은 마치 여러 겹의 장막이 하나둘 벗겨지는 경험과 같다. 시간을 두고 보면, 이 경계의 땅이야말로 우리가 줄곧 살아온 자리였음을 알게 되며, 이제는 전과는 다른, 더 맑고 분명한 빛 속에서 세계를 보게 된다. 그러니 거룩한 것과 일상의 것 사이에서 능동적 대화를 이어 가라. 그 경계에 머무르라.[1]

이제 다시 성 베네딕트의 《규칙서》에서 수도원 문턱에 서서 손님을 맞이하던 문지기의 이야기로 돌아가 보자. 이 장면에서 우리는 거룩과 일상 사이에 오가는 대화를 엿볼 수 있다. 문턱 안쪽에서는 기도와 침묵의 삶이 이어지고, 바깥에서는 온갖 요청과 산만함으로 가득한 세계가 밀려온다. 우리는 이 둘을 어떻게 동시에 붙들 수 있을까? 어떻게 해야 충돌 대신 대화를 끌어낼 수 있을까? 문지기는 바로 그 강하고도 따뜻한 환대가 어떻게 가능해지는지를 보여 준다. 문지기는 문자 그대로든 비유적으로든 이리저리 떠도는 사람이 아니기에, 우리는 그에게서 **안정**을 발견한다. 그는 그가 속한 장소에, 자기 자신 안에 단단히 뿌리내린 사람이다. 내면의 중심을 굳게 붙들고 있기에, 바깥에서 다가오는 것들을, 낯설고 심지어 위협이 될 만한 것까지 맞이하고 환대할 수 있는 것이다. 문지기는 우리에게 두 세계 사이의 문턱에 서 있는 이미지를 전해 준다.

수도 공동체 안에서 외부 세계로부터 분리되어 살아가는

과정은, 끊임없이 기도하고 침묵하는 시간과 맞닿아 있다. 이러한 전념과 지속의 자세는 베네딕트를 따르는 삶은 물론, 충만하고 균형 잡힌 삶을 구축하고자 할 때 갖추어야 할 자질이다. 내가 자꾸만 수도원 건물의 구조에 눈을 돌리는 이유는 회랑이 주는 놀라운 이미지 때문이다. 건축물 한가운데에 텅 빈 공간을 두는 용기를 세상 어디에서 찾아볼 수 있겠는가? 회랑은 8세기 무렵 교회 건물과 더불어 수도원의 주요 공간으로 자리 잡기 시작했고, 이후 다양한 형태로 변주되었다. 예컨대 나미비아^{Namibia}의 투칭 선교 베네딕트 수녀회^{Tutsing Missionary Benedictine Sisters}는 수녀원이 자리한 산자락과 공동체가 어우러져 보이도록, 건물의 네 모퉁이마다 바깥으로 열린 회랑을 지었다. 반대로 존 포슨^{John Pawson}은 체코 공화국의 시토회 공동체 노비 드뷔르^{Novy Dvur}를 위해 새 수도원을 설계하며, 혹독한 겨울 추위를 견딜 수 있도록 유리로 둘러싸인 회랑을 마련했다. 회랑의 오목 천장은 이를 받치는 기둥 없이 캔틸레버^{cantilever} 구조*로 지어졌고, 기다란 창 아래에는 빗물이 모이도록 콘크리트 수로를 길게 내었다. 그 수로에 모인 물은 햇빛을 반사해 작은 빛의 조각들을 천장 쪽으로 튀겨 올린다. 여기서 회랑이라는 전통 공간은 시간에 구애받지 않는 완전히 현대적인 형식으로 새롭게 자리한다.

오늘날의 건축물이든 중세의 유산이든, 회랑의 네 변을 따

• 수영장의 다이빙보드처럼 한쪽 끝이 고정되어 있고 다른 쪽 끝은 외부의 지주 없이 자유로운 상태로 돌출되어 있는 구조.

경계를 살다

라 천천히 걸어 보면, 삶의 중심에 비어 있음과 고요를 어떻게 마련할 수 있을지 서서히 배우게 된다.

회랑의 통로들은 실용적으로 활용되는 동시에 상징을 지닌다. 각 통로는 일상생활을 유지하는 데 필요한 건물들, 곧 몸과 정신, 영의 요구를 인정하고 존중하는 장소들로 이어져 있다. 잠을 자고 음식을 먹는 곳(기숙사와 식당), 정신이 활발히 움직이는 곳(지성이 깨어나는 도서관, 행정과 재정, 공동의 결정을 다루는 곳으로, 역시 지적 활동이 일어나는 참사회 회의실chapter house), 그리고 영을 위한 곳(교회 혹은 기도처)이 회랑으로 연결된다. 결국 이 모든 공간은 교회를 중심으로 서로의 균형을 지탱한다고 말할 수 있다. 기도하는 시간과 장소야말로 나머지 모든 것을 단단히 붙들어 주는 가장 본질적인 우선순위이기 때문이다. 잠자고 먹고 공부하고 노동하며 결정을 내리는 모든 활동은 하느님의 일, 오푸스 데이로서 이루어진다. 모든 것의 토대인 기도는 이들 사이의 평형을 유지하며, 이들을 하나로 엮는다. 반대로 마음이 뒤섞이고 혼란스러우며 이리저리 끌려 다니는 삶은 어떤 리듬도, 어떤 일관된 결도 만들어 내지 못한다. 그러나 회랑은 아무리 분주한 삶일지라도 일상과 기도는 하나의 흐름이 될 수 있음을 확인시켜 준다. 삶은 조각난 단편들의 단순한 집합이 아니다. 삶의 어떤 면도 다른 것 위에 군림하거나 따로 떨어져 나가지 않는다. 삶은 그 자체로 온전한 하나이다.

중앙의 텅 빈 뜰은 줄지어 선 기둥들과 주랑들이 아치를 이루며 둘러싼다. 연달아 이어지는 아치들은 회랑 보행길 안쪽을 지탱한다. 하루의 시간대별로, 또 계절에 따라 회랑에 드리우는 그림자는 믿기 어려울 만큼 다양하고 아름다운 무늬를 비추었다가 거둬들인다. 이 그림자 없이 이 경관의 깊이와 공간감을 느낄 수 있을까? 한번쯤 던져 볼 만한 질문이다. 이 물음은 앞서 다루었던 빛과 어둠, 그리고 둘 사이의 얽힘이라는 주제로 우리를 다시 이끈다.

한 정원사가 수도원 정원에 관한 책을 쓰기 위해 여러 곳을 두루 여행했다. 그는 무엇보다 하늘을 향해 활짝 열린 회랑의 안뜰, 곧 수도원의 중심이 이루는 그 중앙 공간에 깊은 인상을 받았다. 한낮의 햇빛은 길을 내듯 이 안뜰로, 수도원의 한가운데로 길게 스며들었다. 그는 저녁 기도 전, 황혼 무렵에 공동체 사람들이 회랑에 앉아 마지막 남은 해거름 빛 아래서 독서하는 모습을 종종 보았다. 그러면서 그는 온기를 머금은 빛의 존재, 풀과 꽃이 풍기는 푸른 생명의 현존, 그리고 무엇보다 공간 전체에 잔잔한 소리가 끊임없이 흐르도록 하는 분수나 샘의 존재가 얼마나 중요한지 곱씹게 되었다.

햇빛이 넉넉히 스며드는 곳에서 지내면 우리의 정신은 한결 고양된다.…회랑 안뜰에 넘실대는 푸른 잔디는 오래전부터 고유한 힘과 은총을 지닌 것으로, 그리하여 영혼 깊은 곳에서부터 우리를 끌어당기는 것으로 알려져 있다.…회랑 안뜰은 안전하고 단순하며 순수한, 하나의 녹색 오아시스를 만들어 낸다.[2]

회랑에 대한 이 글은 하루의 시간대별로, 또 한 해의 계절이 바뀔 때마다 내면의 정원에 물을 주고 신선하게 돌보는 일이 얼마나 중요한지를 일깨워 준다. 그 한가운데 자리한 물은 가장 핵심적인 이미지를 불러낸다. 살아 있는 물의 샘이 있어야 정원이 푸르게 유지되고, 바로 그 푸름 속에서 비로소 생명이 이어지기 때문이다.

건너기, 돌아오기

마음의 동굴, 감추어진 푸스티니아poustinia*, 가장 깊은 곳의 회랑 등, 이 고요한 중심의 자리를 가리키는 이름은 참으로 많다. 각자 나름대로 떠올리는 그림이 있을 것이다. 본질적으로 그곳은 하느님께서 우리를 찾아내시고, 우리가 하느님을 발견하는 깊은 자리이다. 그곳은 그저 비어 있는 공허한 공간이 아니다. 말씀을 듣는 공간이 되기 위해 비워진 자리이다. 우리는 침묵으로 들어가 하느님의 대화를 듣고, 그 대화 안에서 우리가 맡은 몫을 감당한다. 오래된 지혜의 말에 따르면, 이는 곧 우리가 스스로 너무 많이 말하지 않으려 애쓴다는 뜻이기도 하다.

그러나 이 중심은 우리가 바깥을 향해 나아가는 출발점이

---

* 기도와 묵상, 단식을 위해 특별히 마련된 고립된 오두막이나 공간으로 러시아 정교회 전통에서 유래한 개념이다. 영적 지도자의 권고에 따라 일정 기간 세상과 단절된 삶을 살고자 하는 사람들이 사용한다.

기도 하다. 수도자들, 특히 토머스 머튼Thomas Merton은 자기 자신을 변두리에 사는 사람, 가장자리에서 살아가는 존재로 묘사한다. 그러나 바로 그렇기 때문에 그들은 또한 중심에 가장 깊이 뿌리내린 사람들이기도 하다. 나 역시 내 삶에서 중심과 가장자리를 생각하다 보면, 두 자리의 관계에 대해 스스로 묻게 된다. 어쩌면 가장자리는 또 다른 이름의 중심이 아닐까? 중심이야말로 가장자리를 품어 안고 있는 자리는 아닐까? 아마 중요한 것은 그 둘을 잇는 방식, 곧 오고 가는 올바른 길을 찾는 일일 것이다.

경계가 더 이상 타자를 밀어내는 전선이 아니라, 문턱들이 끊임없이 건너고 다시 건너오는 자리라면 우리는 비로소 새로움에 자신을 열게 된다. 존 던John Dunne은 우리에게 말한다. "우리는 모두 다른 쪽으로 건너갔다가 다시 자기 자신에게로 돌아올 수 있는 역량을 지니고 있다. 다만 모든 사람이 그 역량을 발견하거나, 그것을 어떻게 사용할지 배우는 것은 아니다." 그리고 그는 덧붙인다. "나는 이제 타자의 세계 속으로 건너갔다가, 새로운 통찰을 가지고 다시 나 자신에게로 돌아올 수 있다고 느낀다."[3]

새로운 세계와의 조우

성 베네딕트는 《규칙서》의 마지막에서, 지나가는 말처럼 계속해서 읽고 공부해야 할 필요를 언급한다. 그는 제자들이 무엇을 공부하면 좋을지 몇 가지 길을 제시하는데, 이는 사실 새로운 것에 자신을 열어젖힐 수 있도록 준비하게 하는 권고들 가운데서도 가장 유익한 사례에 속한다. 그가 제시한 두 가지 주요 자료는 접근 방식에서 거의 정반대에 가깝다고 할 만큼 서로 다르다. 서로 다른 유형의 수도 생활을 탐구하는 일은 결코 편안한 작업이 아니었을 것이다. 그럼에도 열린 문과 열린 가슴으로 손님을 맞이하라고 요청하는 성 베네딕트는, 동시에 열린 생각을 향해서도 우리를 이끈다. 문지기는 낯선 이를, 어쩌면 잠시 머무는 수도자일 수도 있는 사람을 맞이한다. 낯선 이를 맞아들이는 형제들 또한 그의 말을 들을 준비가 되어 있다. 그가 전혀 다른 전통을 가진 사람일지라도, 형제들은 그에게서 배울 수 있는 무언가가 있음을 기꺼이 받아들인다. 형제든, 아이든, 동료든, 누구든 그들의 이야기에 귀를 기울이는 일은 중요하다. 나는 이러한 주고받음을 '대화'라고 부르고 싶다. 흔히 대립과 설전을 떠올리게 하는 '논쟁'이라는 말보다 훨씬 부드러운 결을 지닌 표현이기 때문이다. 《대화의 서원*Vow of Conversation*》은 토머스 머튼이 1964~65년에 쓴 일기에 붙인 제목이기도 하다. 여기에는 말장난이 숨어 있다.[4] 머튼이 말한 수도 서원 가운데 하나인 콘베르사티오 모룸 *conversatio morum*, 곧 생활양식의 쇄신, 또는 트라피스트*Trappist* 수도 전통에서 말하는 지속적인 회심과 변모는 이 은둔자가 얼마나 기꺼이 사람들을 맞이했는지를 보여 준다. 삶의 모든 영역에서 온 사람들, 온갖 종교적·철학적·문학적 배경을 지닌 이들이 그를 찾아와 이야기를 나누고 생각을 주고받았다. 그는 그 대화를 사랑했다. 안정의 서원은 그를 트라피스트회의 겟세마니 대수도원Abbey of Gethsemani에 굳건히 뿌리내리게 했을 뿐만 아니라, 더욱 깊은 차원에서는 그의 내면에도 단단히 자리 잡게 했다. 그 안정은 그의 내적 여정이 시작될 수 있는 자리, 곧 새로운 세계를 향해 자신을 열고 새로운 질문을 던지며 새로운 전망을 펼쳐 보게 하는 출발점이 되었다. 생애 마지막 해에 그는 이렇게 적었다. "노력과 심화, 변화와 변형이 필요하다. 그렇다고 해서 내가 어떤 특별한 자기 변형 프로젝트를 떠맡아야 한다거나, 내가 '나 자신을 작업 대상으로 삼아야 한다'는 뜻은 아니다."[5]

5장

때와 때 사이의 시간

언론인이자 인종 인권 운동가였던 존 하워드 그리핀John Howard
Griffin은 토머스 머튼이 머물렀던 은둔처에 홀로 지내면서, 그저
빛과 어둠의 오고감에 기대어 사는 지극히 단순하고 단조로운
삶 속에서 자기 자신과 처지에 대해 많은 것을 깨우칠 수 있었다.

현실의 신비에 깊이 귀 기울일수록…언어화할 수 없는 것들,
말로는 그저 슬쩍 스치기만 할 뿐 단어에 오롯이 담기지 않는
어떤 것들을 배울 수 있다. 현실의 신비는 우리에게 편안한 범
주에 안주하는 자기만족을 내려놓으라고, 실제 우리 삶에는 서
로 반대되거나 모순되어 보이는 것들이 공존한다는 사실을 자
연스럽게 받아들이라고 일깨운다.[1]

머튼과 마찬가지로 그리핀 역시 때와 때 사이의 시간들, 무
엇보다 새벽이 밝기 전의 시간들이야말로 이 실재의 신비 가운
데 가장 중요한 순간임을 깨달았다. 다음은 그리핀이 그의 오랜

친구였던 머튼의 일대기를 완성하기 위해 은둔처에 자리 잡으며 쓴 일기의 시작 부분이다.

> 1969년 8월 6일, 5시 45분, 새벽녘
> 새벽빛이 막 올라오기 시작하자 몇몇 새들이 먼저 깨어났다. 아직 지저귀지는 않고 중얼거리듯 낮고 조용한 소리를 냈다. 나는 커피를 들고 현관 앞 콘크리트로 지은 테라스로 나갔다. 주변을 어슬렁거리며 커피를 한 모금씩 마셨다. 공기는 서늘했고, 차가우면서도 신선했다. 빛은 아주 천천히 왔다. 안개 속에서 나무들이 검은 형체를 조금씩 드러내는 것을 지켜보았다. 톰을 생각했다. 그도 이 고요함을 보았을 것이다. 새벽을 앞둔 이 신선한 공기를 맡았을 테고, 이 침묵들이 자기 안에서 제 할 일을 하도록 내어 주었을 것이다.[2]

'새벽이 밝기 전 어둠'은 하워드 그리핀이 특히 좋아하던 구절이었다. 그는 새벽을 기다리며 하루를 시작할 때마다 그 시간이 선사하는 것들에 가만히 귀 기울였다. 그에게 이때는 "침묵과, 빗방울이 떨어지는 소리, 장작불이 '탁' 하고 튀는 소리, 그리고 밤의 짙은 어둠이 그대로 기도가 되어 버리는 시간, 그 모든 가운데에 네가 그저 가만히 놓여 있고, 너의 전 존재가 말 없는 아멘을 드리고 있는 때…"[3]였다. 그 시간은 자신을 비워 내는 시간, 몸과 마음과 감각에 쌓인 온갖 더께를 덜어 내는 시간이었고, 나뉘지 않은 온전한 자신에 집중하며 세계는 서로 연결되어 있다는 감각을 마음 깊이 가장 진실하게 느끼는 시간이기도 했다.

새벽이 밝기 전 못지않게 해지는 무렵 역시 때와 때 사이의 시간이다. 빛이 서서히 스러지고 저녁이 내려앉는 때, 큰 전환이 일어난다. 이 시간은 특히 겨울에 선명히 다가온다.

해는 이미 자취를 감추었다. 땅거미가 내려온다. 바깥은 완전한 정적, 잿빛 눈, 그보다 더 잿빛인 하늘…나는 차가운 풍광이 밤을 향해 기울어 가는 모습을 바라본다.…끝도 없이 이어지는 긴, 아주 긴 황혼. 바깥의 빛은 거의 줄어들지 않았는데, 서쪽 숲 너머로 하늘에 문득 한 줄기 색채가 스며든다. 놀랄 만큼 선명한 주홍빛이, 온통 회색인 풍경 속에서 더욱 또렷이 타오른다.…새벽녘 이른 시간과 해질녘은, 그들이 불러일으키는 침묵의 결은 서로 닮았다. 내 안의 모든 것은 그 침묵 앞에 고개를 숙인다.[4]

황혼, 곧 때와 때 사이의 시간은 진짜 회색이 드러나는 때이다. 그 자체로 하나의 색채인 회색이 모습을 드러내는 순간이다. 태양이라는 큰 빛과 달이라는 작은 빛 사이, 두 광채가 교대하는 이 시간에 회색은 비로소 자기 자신이 된다. 전환을 겪는 연약한 시간, 절반은 빛이고 나머지 절반은 어둠인 신비롭고도 모호한 시간이다. 우리는 이 불확실성의 시간을 날마다 겪으면서, '때와 때 사이'에도 현실이 존재한다는 사실을 조용히 깨닫는다.

우리는 이 이미지로부터 많은 통찰을 얻을 수 있으며, 그 선물의 의미를 밝혀 우리에게 일러 주는 일은 시인의 몫이다. 영국 계관시인*이었던 앤드루 모션Andrew Motion은 "버드나무에 부는 바람The Wind in the Willows"을 발레 대본으로 옮겨 달라는 청을 받았을 때, 그 이야기 속에서 스며들어 오는 한 겹의 신비로운 기운을 발견했다. 그 신비는 대본 속에 다음과 같은 대사로 자리한다. 극중 작가 케네스 그레이엄Kenneth Grahame 역의 배우가 다락방으로 들어오면서 관객을 둘러본 후 입을 떼는 장면이다.

이곳에, 바로 이곳에 있구나. 정신이 깨어 있음에도
아직 꿈꾸는 것만 같아. 내 집, 이 다락방 안에 있을 때는 말
  이야.
이제 무엇도 확실하지가 않아.
지금은 잿빛 황혼의 시간인가, 아니면 공기에 먼지가 가득한
  걸까?
너는 보이니? 너도 확신할 수가 없어. 확실한 것은 아무것도 없
  거든.
내 머릿속에서도 확실한 건 하나도 없어. 나는 꼭
두 세계 사이를 떠도는 유령인 것 같아.[5]

얼마 전 아흔 중반을 넘긴 어느 수녀님이 내 생일에 짧은 카드를 보내셨는데, 그 안에 헤겔의 글귀가 적혀 있었다. "지혜

---

* 17세기부터 영국 왕실에서 국가적으로 뛰어난 시인을 이르는 명예로운 칭호.

의 올빼미는 땅거미가 질 무렵에야 날아오른다." 이어서 덧붙이시길, "살아가면서 우리는 어둠에 가까운 시간을 두 번 지난다고 생각해요. 한 번은 지나간 것을 지나간 대로 받아들이는 저녁의 황혼이고, 다른 한 번은 앞을 내다보는 새벽녘의 여명이지요. 그 두 시간 모두, 그리스도는 우리의 빛이십니다." 이 글귀를 읽으면서《저녁이 오게 하소서: 노년을 위한 성찰*Let Evening Come: Reflections on Aging*》에 나오는 다음 문장이 떠올랐다. "우리의 시선은 늘 두 방향을 가로지릅니다. 한 눈빛으로 빛과 어둠을 함께 봅니다. 빛과 어둠은 우리 삶을 함께 지탱합니다."[6]

여기서 우리는 확실성이 주는 위안을 내려놓게 된다. 삶은 둘 중 하나가 아니라 그 둘을 함께 안고 가는 것이기 때문이다. 우리는 서로 다른 것들이 나란히 놓이는 상태를 즐기고, 모호함을 기꺼이 끌어안으며 살아간다. 만일 이렇게 뒤섞이고 얽혀 있는 아릿한 풍경이 내면의 모습이라면, 나를 둘러싼 세계 역시 이러한 시선으로 바라봐야 하지 않을까?

해마다 우리는 때와 때 사이에 놓인 시간이 지닌 힘을 경험하는 기회를 선물 받는다. 그 시간, 우리는 잠시 멈춰 서 있는 틈, 사이의 공간이 얼마나 거룩한지 떠올린다. 그러나 대개 이 시간은 소홀히 여겨지거나 엉뚱하게 사용되고 만다. 모든 날 중 가장 신비로운 날인 성토요일, 부활절 전야, 그리스도께서 하데스까지 내려가신 날은 대부분의 경우 교회를 장식하고 부활절 점심을 준비하고 휴가 채비를 하는 날로 소모되곤 한다. 한 사제는 부활절 준비로 분주한 본당 일의 부산함과 공동체의 들뜬 흥겨움에서 한발 물러서 이렇게 말한다.

주님, 오늘 교우들은 저를 못마땅해 했을 거예요.

오늘 저는 어디에도 얼굴을 비추지 않았거든요.
남성 조찬 모임에도
아이들이 달걀을 찾으러 나갔을 때도요.
저는 엄두가 나지 않았어요.
이 거대한 침묵을
베이컨이나 초콜릿,
교회 본당에서 일어나는
짭조름하고 달콤한 자잘한 일들로 깨뜨릴 수 없었어요.

오늘 저는
그저 소박한 고요 속에서
당신의 부재를 살아내 보고 싶었어요.
이 부재를 겪음으로, 당신의 돌아오심을 더 달콤하게 받아들일
  수 있기를,
내일 축제의 자리에서 당신의 현존이
더욱 또렷이 드러나기를 바랐어요.

전체의 흐름을 온전하게 만드는 것은 다름 아닌 바로 이 생
동하는 침묵의 시간이다. 오케스트라 연주에서 음표와 음표 사

이의 침묵이 소절과 소절 사이에 공간을 만들고, 그리하여 조화로운 곡조가 가능해지듯 말이다. 보니 서스턴은 '성토요일^{Holy Saturday}'이라는 시에서 "이어서 무슨 일이 벌어질지 아무도 알 수 없는" 이날을 이렇게 곱씹는다.

참 좋구나, 이날.
침묵 속에 오래 고대해 온 이날.
금식은 끝났으되
잔치는 아직 시작되지 않았고,
고통은 지나갔으되
살갗은 아직 소생하지 않은 때.
이곳이야말로 우리 삶의 자리,
인간이 머무는 장소.
모든 것이 시작되었고
또 끝난
쇠락한 동산 속
무덤 굴 앞에서 기다리며
새로이 다시 시작하기를
우리는 소망하네, 영원토록.

서스턴에 따르면, 이곳이야말로 우리 삶의 자리이다. 하지만 정말 그러한가? 기다리고, 깨어 있으며, 주의 깊게 귀 기울이며 준비하고 있는가? 서스턴은 불확실성의 역할에 대해 이렇게 말한다.

> 아무도 확신할 수 없다네.
> 이어서 무슨 일이 벌어질지.[7]

열려 있음의 대가

오늘날 불확실성 속에서 편안히 머무는 삶에는 용기가 필요하다. 다른 글에서 나는 정답을 찾기보다는 질문을 던지는 일, 실마리와 짐작에도 만족하는 태도, 그리고 신비의 중요성에 대해 쓴 바 있다. 최근 남아프리카에서 목격한 변화들을 되짚어 보면, 예전의 확실함들이 녹아 사라진 한 나라를 보게 된다. 아파르트헤이트 시절, 사람들은 쟁점마다 양편으로 나뉘어 자기 진영만 고집했다. 누구나 자기 입장의 내용과 자신이 속한 깃발, 구호, 동맹을 정확하게 알고 있었다. 각 진영은 자기들이 취한 입장이 도덕적으로 옳다고 굳게 믿었다. 요하네스버그^{Johannesburg}의 값비싼 교외 지역에 사는 백인들은 흑인 거주지인 소웨토^{Soweto}를 감히 넘나들지 않았다.

"우리는 모호함을 위한 자리를 마련하려 애써야 합니다." 아파르트헤이트가 끝난 뒤의 시대에, 다름 아닌 빌헬름 페르부르트^{Wilhelm Verwoerd}가 한 말이다. 그는 아파르트헤이트 설계자, "분리 개발의 건축가" 헨드릭 페르부르트^{Hendrick Verwoerd} 박사의 손자였다. 데스몬드 투투Desmond Tutu 대주교의 지도 아래, 폭력과 학대 피해자들의 증언을 심리하던 '진실과 화해 위원회Truth and Reconciliation Commission'는 안키 크로흐Antjie Krog에게서 아주 강렬한 진술을 들었다. 그녀는 어느 날 우연히 젊은 철학 교수였던 빌헬름 페르부르트와 마주친 일을 들려주었다. 그가 미소 지으며 그녀에게 말했다. "당신에게 좋은 글귀 하나 전달하고 싶었어요. 전쟁에서 가장 먼저 희생되는 것이 진실이라면, 다음으로 희생되는 것은 모호함입니다.…전쟁이 남기는 상흔 가운데 하나가 금세 구분 짓고 단순화하고 대립하는 습관인데…이것들이 지금도 여전히 우리의 사고 상당 부분을 대신해 버리고 있지요." 크로흐와 동행하던 이가 그에게 그 말의 뜻을 묻자, 그는 이렇게 덧붙였다. "제 말은 과거의 우리는 선택의 여지가 없었기에, 그저 흑백으로 나누듯 단순한 기준에 따라 살아야 했다는 뜻입니다. 하지만 이제는 평화의 때인데도 여전히 지나치게 간소화된 신조가 우리의 삶을 좌우하게끔 내버려두고 있다는 거예요. 그래서는 안 됩니다. 우리는 애매하고 모호한 공간을 시도하고 만들어야 합니다."[8] 그가 아파르트헤이트에 맞서 싸운 아프리카 국민회의ANC, African National Congress에 합류하기까지 겪었던 마음의 변화를 섬세히 담아낸 자전적 기록에서, 마지막 장의 제목이 의미심장하게도 "지속적인 회심에 대한 헌신A Commitment to Continuing Conversion"인 것은 우연이 아니다.[9]

"우리가 어려운 질문들에 대한 답을 확신하지 못한다고 해서 죄를 짓는 것은 아닙니다. 그러나 생각하려 하지 않고, 아파

경계를 살다

하지 않고, 관심을 두려 하지 않는다면 우리는 죄를 짓는 것입니다." 이는 지혜롭고 경건한 사람이었던 마이클 램지Michael Ramsey 의 말이다. 아마 그에게 모호함과 불확실성이 그다지 위협적이지 않았던 것은 그가 실제로 그런 방식으로 살아왔기 때문일 것이다. 이미 그는 지금 여기의 삶과 영원한 삶의 경계, 경험과 희망, 슬픔과 기쁨 사이에 놓인 신비로운 경계선을 잘 알고 있었다. 1966년, 그가 캔터베리 대주교Archbishop of Canterbury였을 때 쓴 작은 책《기독교 신앙의 여러 문제들Problems of Christian Belief》에서, 그는 자신의 삶을 관통하는 하나의 리듬에 대해 말한다. 그것은 "밤과 낮이 번갈아 오는" 리듬이었다.

내게 그리스도교 신앙이란 늘 씨름하고, 잃었다가 다시 찾고, 밤과 낮이 번갈아 가며 오는 과정을 끝없이 겪는 일이다. 씨름은 믿음과 불신 사이보다는 오히려 믿음 내부에서 벌어지곤 한다. 신앙은 확신하면 할수록 더욱 그 중심에서부터 치러 내야 하는 어떤 모험과 같은 투쟁에 가깝다. 그리고 내 경우와 같이 그 확신이 어느 순간 평화와 고요의 감각으로 옮겨 간다 하더라도, 그 평화는 결코 값싼 평화가 아니다. 그것은 갈등의 한복판에서 얻어진 평화, 싸움의 심장부에서 얻어 낸 평화이기 때문이다.[10]

최근 한 감리교 목사는 북아일랜드 사회를 갈가리 찢어놓던 쓰디쓴 긴장과 깊이 뿌리내린 증오의 현실 속에서 씨름하고 있었다. 그는 삼위일체를 철학적·사변적 문제로서가 아니라 실제로 살아내야 할 경험으로 묵상하며, 거기서 얻은 영감과 그 즉각적인 함의를 기록했다.

하느님에 대해 상상해 보자. 하느님에게는 하나 됨 속의 다양성, 다양성 속의 하나 됨이 실제적이다. 셋이면서 하나이신 하느님께서는 서로가 서로를 향해 열려 있는 상호성, 평등, 주고받음의 공동체이다.⋯하느님에 대한 이러한 이해는 우리가 만들어 낸 모든 분리주의와 고립주의, 종파적 분열과 그로 인한 배제와 배타의 영역을 비판하고 이에 도전한다. 하느님을 향하는 시선은 온건한 아파르트헤이트나 단순한 공존이라는 생각 너머로 우리를 부른다. 하나 됨 속의 다양성, 다양성 속의 하나 됨, 달리 말해 상호성, 평등, 상호의존성과 관계성은 궁극적 실재들이다. 이 모든 속성은 삼위일체이신 하느님의 본질 자체에 속하는 것들이기 때문이다.[11]

하느님을 향하는 시선은 환대가 충만하게 펼쳐지는 만남의 장을 열기도 한다. 이러한 환대는 모든 전통 사회에서 찾아볼 수 있으며, 성 베네딕트가 《규칙서》에서 그린 문지기의 초상 속에, 우리가 따라야 할 모습 속에 매우 단순하지만 깊이 있게 드러난다. 그는 상대를 축복하며 환대한다. "베네디시테*Benedicite*! 당신이 여기 있어 주어 하느님께 감사드립니다." 그러나 참된 환대에서는 주는 일과 받는 일이 함께 어우러진다. 잘 알려진 베네딕트회 작가 조안 치티스터 수녀^{Sr Joan Chittister}는 이렇게 말한다. "누군가 와서 우리의 생각과 영혼의 지경을 넓혀 주었으니, 그이를 보내신 하느님께 감사합니다. 누군가 와서 우리의 안일함을 뒤흔들어 주었으니, 그이를 보내신 하느님께 감사합니다. 누군가 와서 우리를 재촉하며 우리 자신 너머로 밀어내 주었으니, 그이를 보내신 하느님께 감사합니다."[12]

때와 때 사이의 시간, 문턱, 혹은 잠시 멈춤, 무어라 부르든 우리가 이름을 붙여 인식할 때, 비로소 우리는 그 틈새를 존중하게 되고, 더불어 변화, 움직임, 차이를 존중하게 된다. 유대교 최고 랍비였던 조너선 색스^{Jonathan Sacks}는 《차이의 존엄*The Dignity of Difference*》이라는 대담한 제목을 단 그의 책에서 이렇게 말한다.

> 지상에서의 진리는 온전한 진리가 아니며, 결코 그렇게 되기를 바랄 수도 없다.…하느님께서는 종교보다 광대하다. 나는 나와 닮지 않은 사람, 나와 다른 언어, 다른 믿음, 다른 이념을 가진 사람 안에서도 하느님의 형상을 알아볼 수 있는가? 그렇지 못하다면, 나는 하느님께서 나를 당신 형상대로 새롭게 빚어가도록 허용하지 못하고, 도리어 하느님을 내 모습대로 만들어 버린 셈이다.[13]

그는 하느님께서는 차이를 사랑하신다고 말한다. 전 요크 대주교인 존 해브굿^{John Habgood}은 이 책에 대한 리뷰에서 "인간과 종교의 다양성은 생물학적 다양성 못지않게 보존되어야 한다"라고 밝힌다. 결국 하느님께서는 모든 사람들에게 차이의 존엄을 가르치기 위해 앞서 한 백성을 부르신 것이다. "바벨은 끔찍한 실수였다. 인간의 성취가 하느님을 위협했기 때문이 아니라, 인간이 새로 얻은 기술적 능력으로 하느님께서 창조하신 다양성 위에 인간이 만든 획일성을 강제로 들씌우려 했기 때문이다."[14]

경청은 곧 배움을 뜻하고, 배움은 곧 변화하려는 의지를 수반한다. 예수회 신부 윌리엄 존스턴[William Johnston]은 일본에 사는 동안 불교의 목소리에 귀 기울이기 시작했다. 그렇게 두 합창을 동시에 듣기 시작하면서 그는 자신이 질문을 던지기 시작했음을 깨달았다. 그것은 고통스러운 일이었다. 그 질문들이 이전까지 잠들어 있었던 의식의 영역들을 깨웠기 때문이다.[15]

경청하고 배우고 변화하는 데 있어 무엇보다 먼저 차이는 위험이 아니라는 점을 깨달아야 한다. 두 번째는 불확실성 속에 기꺼이, 그리고 기쁘게 머무르도록 준비하는 것이다. 세 번째는 모호함을 기뻐하고 기꺼이 끌어안는 것이다. 이 모든 단계는 곧 확실성이 주던 안락함을 내려놓는 과정이며, 불확실성 자체가 오히려 선할 수 있음을 받아들이는 일이다. 이 지점에 이르면, 나는 스스로에게 이렇게 묻지 않을 수 없다. 다른 이들에게 다가갈 때, 나는 가장 먼저 무엇을 해야 할까?

여기서 나는 내 응답을 묵상으로, 동시에 하나의 기도 형식으로 풀어 보았다. 이 기도는 하라레[Harare]*의 한 로마 가톨릭 수녀원 벽에 압정으로 붙어 있던 글귀를 읽고 얻은 감상이기도 하

다. 오늘날 짐바브웨의 현실을 생각하면 그 글귀는 더욱 아프게
다가온다.

　　내가 다른 사람들에게,

　　다른 문화에,

　　다른 종교에 다가갈 때 가장 먼저 할 일은

　　신발을 벗는 것이다.

　　내가 다가가는 그 자리는 거룩한 자리이기 때문이다.

　　그렇지 않으면 나는

　　누군가의 꿈을,

　　그들의 기억과 이야기들을 짓밟게 될지도 모른다.

　　더 심각하게는

　　그곳에 이미 하느님께서 계셨다는 사실을

　　잊어버릴지 모른다…

　내가 다른 문화로 넘어가는 문턱에 서 있음을 깨달을 때,
일단 멈춰서야 한다. 그 자리에 머무르기 위해 시간을 들여야 한
다. 그들을 만나러 갈 때, 그들이 전통과 역사, 고통과 승리의 짐
을 잔뜩 지고 온다는 것을 떠올려야 한다. 그러므로 먼저 내 안을
들여다볼 시간을 가져야 한다. 자신 안에서 기꺼이 취약해지고,
내 이야기를 있는 그대로 정직하게 마주할 수 있도록 준비해야

• 짐바브웨의 수도.

한다. 그 뿌리와 과거를 솔직하게 직면하면서 환상이나 향수 속으로 도망치려 하지 않고 현실을 똑바로 바라볼 수 있어야 한다. 내가 지금 서 있는 자리를 주의 깊게 인식할 때, 나는 다른 이가 서 있는 자리에도 동일하게 주의를 기울일 수 있다. 오직 그때에야 비로소 나는 그들의 이야기를 제대로 들을 준비를 갖추었다고 말할 수 있을 것이다. 이보다 더 중요한 일은 없다. 말로는 쉬워 보이지만 실제로는 매우 많은 요구가 뒤따르는, 그러나 꼭 필요한, 근본적이면서도 기초적인 과정이다. 귀 기울여 듣는 것, 온 존재로 듣는 것. 단지 귀로만이 아니라 눈으로도 들어야 한다.

이러한 과정은 루블료프Rublev의 삼위일체 이콘Icon에 놀라울 만큼 생생하게 형상화되어 있다. 어쩌면 우리는 말이 아니라 비언어적 이미지를 통해서만, 우리가 도달해야 할 깊이로 들어갈 수 있는지도 모른다. 이 이콘에서 우리는 먼저 마므레의 상수리나무 아래에서 아브라함이 환대한 세 천사가 둘러앉아 있는 장면을 볼 수 있다. 동시에 탁자 가운데 놓인 잔을 중심으로, 둘러앉은 이들이 다름 아닌 삼위일체의 세 위격이심을 확인한다. 이콘을 구성하는 역원근법에 따라 우리 모두는 그 장면 안으로 초대받는다. 이콘은 그들이 나누는 식탁 교제에 함께 앉으라고 손짓한다. 우리는 구경꾼이 아니라 초대된 손님들이다. 우리는 세 위격의 순환 안으로 천천히 끌려 들어간다. 서로에게 귀 기울이기 위해 약간씩 기울어진 얼굴들, 귀가 드러나도록 뒤로 곱게 젖혀 묶인 머리카락, 그리고 누군가 말했듯 "경청하는 눈"으로 서로를 바라보는 시선을 응시한다. 그들은 가장 깊은 수용과 사랑의 눈빛으로 서로를 붙든다. 여기에는 닫힌 심판도, 경쟁심도, 집착도 없다. 오히려 감사와 더불어 나누는 기쁨의 시선만이 고요히 오가고 있다.

얼마만큼, 어디까지?

나는 여름 내내 웨일즈 접경지에 있는 작은 오두막에서, 라마스 무렵까지는 원고를 마칠 수 있기를 바라며 이 책을 집필했다. 서재와 과수원, 작은 숲, 강둑 사이를 수시로 오가는 동안 아직 풀리지 않은 생각들을 품은 채 걸었고, 집과 정원, 안과 밖을 오가는 그 리듬이 나에게 스며들도록 두었다. 정원을 가꾸는 일에는 어떤 대화의 기술이 담겨 있다. 내 정원은 나 자신과 그 땅이 본래 지닌 성질 사이의 '대화'를 통해서만 존재한다. 나는 이 땅을 지배하지 않고 그 고유한 결을 존중하고 드러내려 한다. 다만 어느 정도는 정리하고, 빛을 들이며, 파괴적인 요소들을 걷어 내어 나 자신과 자연 요소들 사이의 주고받음이 끊임없이 일어나도록 도울 뿐이다. 이 상호작용 속에서 우리 사이의 동반자 관계가 드러날 수 있기를 소망한다. 또한 이 정원은 계절이 바뀔 때마다, 해가 바뀔 때마다, 오래된 나무들이 죽고 홍수가 강둑의 모양을 바꾸어 놓을 때마다 또 다른 얼굴을 한다. 그래서 이 정원은 나 자신과 자연이 동참하는 지속적인 대화로 남을 것이다. 여기에는 경계의 삶을 떠올리는 또 다른 이미지가 있다.

시냇가 옆에서 보내는 삶에는 언제나 예측 불가한 일들이 도사린다. 물은 늘 흐르면서 그 모양과 구성을 계속 바꾸기 때문이다. 그렇기에 이 책의 마지막에 이르러 나는 지금껏 붙들어 온 경계라는 이미지와 관련해 이 이야기가 하나의 명쾌한 그림으로 마무리되지 못하리라는 점을 인정해야 하겠다. 그러나 불확실성 속에 사는 것은 불안정하게 사는 것과는 다르다. 이 둘을 구분하는 것은 매우 중요하다. 나는 내가 어디에 속해 있는지, 어디에 뿌리내리고 있는지 안다. 바로 그 단단한 기반, 그 중심이 있기 때문에, 나는 팔을 뻗을 수 있는 한 멀리까지 뻗어 나가며 나 자신을 열어젖힐 수 있다. 그러나 이 내면의 공간은 철저히 수호해야 할 '성스러운 보호구역' 같은 것은 아니다. 장벽 뒤에 안전하게 격리된 장소가 아니라 성장과 새로운 생명을 향해 열려 있는 자리이다. 알제리에서 수도 공동체와 함께 살았던 프랑스 트라피스트 수사, 크리스티앙Christian 신부의 말을 가져오고자 한다. 그는 그 땅에서 살면서 다른 문화들이 던지는 수많은 질문에 끊임없이 맞닥뜨렸고, 그 경험을 바탕으로 1993년 시토회 총회에서 이렇게 말했다. 이 책이 나를 이끌어 온 자리는 그의 이 한 문장 안에 집약되어 있다. "그리스도인으로서 우리의 정체성은 언제나 탄생하는 과정 가운데 있다. 그것은 유월절의 정체성이다."[16]

확실함은 이따금 엄청나게 매력적으로 비친다. 개인에게는 물론 국가에게도, 특히 고통과 혼란의 시기에는 더욱 그렇다. 반면 복잡함, 모호함, 어수선함은 그와 정반대로 보인다. 그러나 이제 나는 이러한 면모들이 더 설득력 있게 다가온다는 것을 깨달 았다. 닫힌 마음, 곧 라거의 사고방식이야말로 진정한 자유, 열려 있을 자유를 가로막는 가장 큰 방해물이다. 더는 정답이 없음을 인정하는 순간, 모순되는 것들을 끌어안고 살아갈 수 있도록 준비해야 함을 받아들이는 순간, 우리는 서로에게 귀 기울이지 않을 수 없다. 그때 우리는 배워야만 한다는 사실, 더불어 우리가 인정하고 수용해야 할 것들이 있다는 사실을 인정해야만 한다.[17]

> 불확실한 것들과 함께 살아가자,
> 벗처럼 곁에 두고서 말이야.
> 확신할 수 있는 것은
> 안전함을 느끼기 때문이지.
> 안전하다는 느낌은 진짜가 아니야.
> 자아가 만들어 낸 허상에 지나지 않아.
> 우리가 모른다는 것을 아는 것,
> 그것만이 나 자신을 그리스도 안에서 잃어버리게 하는
> 유일하게 확실한 것.

익명의 수사가 쓴 이 말은 불확실함에도 살아가는 용기와 힘을 알려 준다. 어쩌면 대담하고 심지어 무모하거나 위험해 보일 수도 있으나, 경계에서 살기로 선택한다면 우리는 곧 이렇게 말할 준비가 된 이들과 동행할 것이다.

우리에게는 확실한 어떤 것도,

길 위를 환히 비추는 별도 없다.

우리는 그저,

우리 길 위에 천사들의 빛이 어렴풋이 비추는 가운데

"얼마만큼, 어디까지인가?"를 되물으며 더듬더듬 걸어갈 뿐이

다.[18]

경계 위의 삶에는 어쩐지 예언자의 면모가 비친다. 나는 그리스도교가 내게 위로comfort를 주기를 기대하는 동시에 **불편함**dis-comfort을 일으키기를 바란다. 이른바 새로운 과학은 다 이해하기는 어렵지만 내 생각을 말로 풀어내는 데 보탬이 될 만한 어휘들을 건네준다.[19] 과거 뉴턴식의 확실성의 세계에서는 체계적이면서 합리적이고 이성이 재단할 수 있는 것들에 만족해 왔다. 이제 우리는 모든 것이 서로 얽혀 있는 세계 속에 살고 있다. 갈라진 경계를 가로질러 연결이 일어난다. 이 가운데 주는 자리와 받는 자리는 하나로 묶여 활력을 일으키고 풍요를 낳으며 이전에 없던 새 생명을 만들어 낸다. 이러한 세계는 당연히 더 복잡하고 더 많은 것을 요구한다. 그럴 때면 나는 좀 더 단순하고 매끄럽게 흘러가기를 바라기도 한다. 다른 이들의 목소리에 귀 기울인다는 것은 내가 서 있는 자리를 주의 깊게 살피고 나 자신에게 질문을 던지는 것에 그치지 않는다. 다른 이가 나를 바로잡아 주고 더 깊어지게 하며 더 단단하게 해 줄 수 있다는 점을 기꺼이 인정하고 받아들일 때까지 마음을 여는 것 또한 요구한다. 이는 때로 고통

스러울 수 있다. 이전까지 잠들어 있던 의식의 영역들이 새로이 열리기 때문이다. 그러나 서로 주고받는 흐름 속에서 상대가 줄 수 있는 것은 내가 받아야 할 것만큼이나 크다. 이상적으로 경계란 만남이 일어나고 대비되는 자리여야 한다. 그 만남은 혼합주의가 아닌 더 큰 충만으로 향하는 길이다. 그리고 바로 이 경계의 자리야말로 지금 교회와 사회에 어느 때보다 절실히 필요하다.

중심에 계신 하느님께서는 동시에 거친 가장자리에도 계신다. 움직이는 하느님께서는 우리에게 함께 움직이자고 요청하신다. 하느님께서는 우리를 쉽게 안주하도록 내버려두지 않으시며, 한 자리에 너무 오래 머무르도록 두지도 않으신다. 우리의 하느님께서는 양자택일의 범주에 가둘 수 없는 너무나 크신 분이다. 그분은 우리에게 둘 다를 품으라고 요청하신다. 우리는 문턱을 건너, 알려진 동시에 알려진 적 없는 하느님을 만난다. 그리고 생애 마지막에 이르러 잠시 범추는 순간, 우리는 끝없는 신비이신 하느님의 문턱에 선다.

경관을 다시 읽기

이 책을 처음 쓴 이래 지난 십 년 동안, 나는 여러 번 뒤돌아보며 그때 막 탐색하기 시작했던 생각이 여전히 마음속에서 울리고 있음을, 그리고 그것을 더 멀리까지 밀고 나가 보고 싶다는 갈망이 여전함을 확인하곤 했다. 이 책을 집필하던 때, 지난 세기가 저물 무렵은 새천년의 여명이 밝아오면서 많은 것을 약속해 주는 것처럼 보이던 시기였다. 그러나 지금 우리가 마주하는 것은 점점 고조되는 갈등과 논쟁이다. 조화 대신 분열과 불협화음이 커져 가는 모습을 목격한다. 정치적·종교적 극단주의와 근본주의의 성장은 사회를 양극화로 몰아가고, 서로의 말을 경청하는 능력은 오히려 줄어든 것만 같다.

당시 나는 웨일즈 변경에 펼쳐진 땅, 열려 있어 서로 오가고 섞일 수 있는 경계의 땅을 묘사하고자 했다. 그곳은 민족과 전통, 문화가 서로 만나 섞이고, 서로를 도전하며 배우던 자리였다.

그것은 마치 두 개의 목소리가 나란히 울리는 것 같아서, 어느 한쪽도 너무 안전하거나 자기에 갇혀 버리는 것을 막아 주었다. 외부 경관을 내면의 풍경과 연결해 바라보기 시작한 이래, 이 경관은 차이와 다양성 가운데 불확실성을 수용하며 살아가는 삶의 이미지를 내게 선물해 주었다. 이 주제는 2001년 9월 11일 뉴욕의 쌍둥이 빌딩이 붕괴된 직후, 헤리퍼드 대성당에서 마크 털리 Mark Tully가 했던 강연과도 깊이 공명한다. 그 강연의 제목은 "확실성에서 불확실성으로, 독단에서 대화로"였다. 그는 자신이 두 세계, 동양과 서양, 인도와 영국에 동시에 속해 있다는 경험에서 이야기를 풀어냈다. 그는 타자의 목소리를 듣고 그에게서 배우는 일이 얼마나 중요한지 강조했다.

털리는 인도에서 매우 자연스러운 태도인 "이럴 수도 있고, 저럴 수도 있지"라는 사고방식에 대해 말했다. 사람들은 독단이 끝내 우리를 함정 속으로 몰아넣는다고 믿기 때문에, 독난석인 것에 본능적으로 경계심을 갖는다. 이듬해 여름, 그는 '헤이온와이'의 강연에서, 즉 열흘 간 작은 웨일즈 접경 마을을 문학과 예술의 국제적 무대로 바꾸어 놓는 연례 축제에서 차이와 다양성이 수행하는 중요한 역할에 대해 다시 이야기했다. "자신이 틀림없이 옳다고 확신하는 사람들, 독단적인 이들은 스스로 취약해질 필요를 느끼지 못하고, 누군가와 진짜 이야기를 나누고 싶어하지도 않습니다."[1]

장소는 중요하다. 우리는 땅으로부터 배운다. 이 사실을 깨닫고 글로 풀어내는 사람들이 점점 많아지고 있다.[2] 17세기 헤

리퍼드 인근 크레든힐에 살던 시골 사제 토머스 트러헌^{Thomas}

트러헌의 글은 대상의 겉모습을

에게 땅과 이어져 있다는 감각은 세상을 그저 "사물과 사건들의 무더기"로 보던 시선을 "모든 것이 놀라우리만치 경이롭게 보이는 세계"로 옮겨 주었다. 트러헌의 글은 대상의 겉모습을 넘어 그 본질을 꿰뚫는 그의 탁월한 감각을 보여 준다. 그에게는 가장 작은 것, 즉 개미 한 마리, 모래 한 알에서부터, 가장 광대한 것, 별들, 바다, 온 풍경 전체에 이르기까지, 무엇이든 하나의 계시가 되었다.

이렇게 주의를 기울여 바라보고 경청하는 능력에 대해 숙고하다 보면, 이러한 역량은 타고난 선물인지 아니면 함양할 수 있는 성품인지 묻게 된다. 경관을 하나의 계시로 전환시키는 것은 무엇인가? 어떻게 땅이 우리의 조언자가 될 수 있을까? 그 답을 찾기 위해, 나는 늘 그렇듯 시인들과 예술가들, 특히 이 지역과 깊이 연결된 이들의 작업을 파헤치게 되었다. (개정판에 그들의 작품도 함께 실었다.)

루스 비드굿에 따르면, 이 땅은
자기만의 어휘를 지닌다.
반쯤은 생소하다. 전혀 다른 언어는 아니다.
그저 낯선 사투리일 뿐이다.

그녀는 이를 "절반쯤 알아들을 수 있는 언어"라고 부르면서, 이 언어를 알아들으려면 우리 쪽에서 시간을 들여 귀 기울여야 한다고 말한다.

자갈을 밀고 흐르는 시냇물 소리를 나는 말소리로 듣는다.
다만, 내가 아는 그 어떤 것에 관한 말은 아니다.[3]

찰스 매카시 Charles MacCarthy 는 이 접경지의 경관을 다시 그려 보고 싶었다. 다만 이번에는 정면으로 그 풍광을 바라보는 대신 조금 비껴서 다가가기로 했다. 멀리 뵈는 웨일즈 언덕들을 창문 유리창에 반사돼 비치는 모습으로 먼저 그리기 시작한 것이다. 그러나 그는 곧 경관과의 관계가 얼마나 복잡한지를 깨달았다. 멀리 있는 것만이 아니라 손 닿는 가까운 것들과 균형을 이루어야 한다는 점을 알아차렸기 때문이다. 그래서 그는 매일 같은 길을 걸었다. 개를 데리고, 늘 지나가던 일곱 들판을 지나, 같은 울타리문을 넘고, 교회 묘지와 시냇물을 지나갔다. 오직 이러한 방식을 통해서 그는 주변 반경 800미터 남짓 안에 있는 것들의 질감과 형태의 미묘한 변화를 알아차릴 수 있었다. 그 변화 가운데 멀리 언덕들을 보는 것 못지않게 중요한 것을, 즉 끊임없이 이어지는 연속체이자 지속적인 친교의 감각을 생생한 맥박처럼 느끼게 되었다. 그는 존 컨스터블 John Constable 의 격언을 고맙게 여긴다고 밝혔다. "풍경화가는 겸손한 마음으로 들판을 걸어야 한다. 오만한 사람에게는 자연의 온전한 아름다움이 허락되지 않는다."[4]

이 과정은 반드시 느리고, 부드러워야 한다. 나는 이것이 일종의 장막을 걷어 내거나 암호를 푸는 작업처럼 느껴진다. 한 겹

한 겹 조심스럽게 그 막을 벗겨 내는 일이다. 컨스터블의 말대로 이 작업은 거만하게 접근하는 이들에게서 늘 도망쳐버릴 것이다. 한때 가까이 살았던 이웃 시인, 프랜시스 호로위츠Frances Horowitz가 생각난다. 이곳 로울스톤 밀에 살던 몇 해 동안, 그녀는 이 주변 좁은 길을 거닐고 언덕을 오르내렸다. 그리고 그 경험을 머뭇거림으로 표현했다.

우리가 이미 침범해 버렸다.
허나 이 땅은 아직, 우리의 땅이 아니다.[5]

미국 서부의 장관을 카메라로 담아내 20세기 최고의 사진가 가운데 한 사람으로 꼽히는 앤설 애덤스Ansel Adams는 사진을 사랑과 계시의 도구라고 불렀다. 그는 감수성 있는 사진가라면 누구나 "현실 앞에 더 다정한 마음으로 서야 한다"라고 말한다. 그에게 좋은 사진은 좋은 시와 같다. 사진은 지금 이 순간에 어느 한 가지를 말했다가 훗날 다시 보았을 때는 전혀 다른 무엇을 말해 오는 이미지가 된다.[6]

이 점을 토머스 머튼 역시 잘 이해하고 있었다. 트라피스트 수사 작가로서 널리 알려진 그는 말년에는 사진을 사랑하게 되었고, 카메라를 지극히 창의적으로 사용하여 그것을 자신의 손안에서 하나의 관상 도구로 만들었다. 겟세마니 수도원 경내 자신의 은둔처 주변 숲길을 한 젊은 시인과 함께 걸으면서, 머튼은 자신이 너무 성급하고 탐욕스러운 나머지 사진을 너무 많이 찍고 만다고 말했다. 그는 더 열려 있는 마음으로, 더 잘 받아들이는 눈으로 세상을 바라보아야 한다고 말했다.

"늘 자의식에 사로잡혀 자기 생각에만 빠져 있고, 자신을 제외한 모든 것을 밀어내고 있다면 주변의 어떤 것도 제대로 볼 수 없습니다." 그 결과, 눈앞의 것을 움켜쥐고 소유하려 했던 성급한 젊은이는 훨씬 적은 사진만을 남기고 숲을 나왔습니다. 이제 그는 이미지가 스스로 모습을 드러낼 때까지 주의를 기울이고 기다려야 한다는 것을 깨달았기 때문입니다.[7]

땅에 다가가 그로부터 얻고 배우려는 자세는 오늘날보다 오히려 예전에 더 익숙했던 감각일 터이다. 당시에는 땅 가까이에 살던 사람들이 땅이 요구하는 바를 인정하며 땅과의 관계를 가꾸었다. 거기에는 감상적 요소가 없었다. H. J. 매싱엄H. J. Massingham이 내가 사는 곳에서 멀지 않은 어느 농부를 찾아가 만난 후 남긴 표현을 보면, 그 관계가 어떠했는지 잘 알 수 있다. 그는 농부를 가리켜 "자신의 땅에 대한 책임을 아주 신실하게 다하는 사람"이라고 부른다. 또 그를 "자기가 태어난 토양의 학생"이라고 부르며 그의 삶의 방식을 이렇게 표현한다. "그의 실천은 사랑과 배움이 하나로 얽혀 있는 것이었다. 사랑만도 아니고 배움만도 아닌 사랑과 배움이 함께 엮여 지혜라는 이름으로 나타난 자리였다."[8] 오늘날에는 아마 전문 조경사의 경험이 이와 가장 가까울 것이다. 누군가는 이렇게 말하기도 한다. "풍광을 이해하는 것은 사람을 알아가는 것과 같다. 천천히 시간을 들여야 그 풍광의 성격이 드러난다."[9]

* * *

이 책의 초판을 다시 읽으면서 그리고 예술가들과 시인들이 남겨 놓은 것들을 곁에 두고 보면서, 당시 내가 경관을 수평적으로 바라보고 있었다는 사실을 깨달았다. 이제 나는 그 경관을 수직적으로 읽어 내고 싶다. 오래된 풍광은 수수께끼 같으며, 수백 년의 신화와 역사, 전설과 이야기가 여러 층으로 겹쳐 있는 세계라고도 할 수 있다. 여기에 서로 다른 시대에서 들려오는 목소리들은 현재에도 유효한 이야기가 되어 우리에게 말을 건네면서 동시에 귀 기울여 주길 요청한다. 이렇게 보면 경관을 촘촘히 관찰하는 일은 일종의 대화이기도 하다. 시간의 망원경 효과라는 생각은 페넬로피 라이블리Penelope Lively의 소설 속에서, 전혀 다른 맥락 가운데 인상적으로 등장한다. 소설의 주인공 예순일곱 살의 클라우디아Claudia는 젊은 시절 알았던 한 장소로 돌아간다. 그곳은 많이 변해 있다. 이제는 콘크리트와 고층 건물, 관광객들로 가득 차 있다. 그런데도 그곳은 여전히 예전 그 자리이다. 클라우디아는 길가 인도에 서서 눈물을 흘린다. 슬픔 때문이 아니라 놀라움 때문이다. 아무것도 완전히 사라지지 않았다는 사실, 모든 것을 다시 불러올 수 있다는 사실, 한 사람의 인생은 단선이 아니라 때로 한꺼번에 압축되기도 한다는 사실, 머릿속에서 모든 일

에드거 홀러웨이, 〈교회 문과 주목나무들〉

이 동시에 일어나고 있는 듯한 놀라움 때문이었다.[10]

　이 경계의 땅은 현재와 과거가 지워지지 않는 "사람들로 채워진 경관"이다. 멀린^{Merlin}은 여전히 머니드 머르딘^{Mynydd Merddin}*, 멀린의 산에 잠들어 있으며, 그로부터 몇 킬로미터 떨어진 곳에는 서쪽으로 펼쳐진 광대한 조망을 배경으로 아서왕의 돌^{Arthur's Stone}**, 그의 왕좌가 있다. 헤이온와이와 블랙 마운틴 사이에 놓인 고개 이름, 가스펠 패스^{Gaspel Pass}는 성 베드로와 성 바울이 로마에서 이곳까지 복음을 전하러 왔다는 이야기를 기억하게 한다. 제비뽑기 후, 베드로는 골든 밸리를 따라 길을 떠났고, 그 흔적이 피터처치^{Peterchurch}라는 마을 이름에 남아 있다. 바울은 높은 산길을 넘어 란소니 밸리^{Llanthony valley}로 내려와 카펠 어핀에 이르렀다고 한다. '경계 위의 장소'라는 뜻을 가진 이 작은 마을은 훗날 두 개의 독특한 공동체를 끌어들인다.

　먼저 이곳은 빅토리아 시대의 괴짜 수사이자 신부 이그나티우스^{Fr Ignatius}의 집이 되었다. 그는 잉글랜드 국교회^{Anglican Church} 내에 수도 생활을 되살리고 싶어 했고, 이 외딴곳에 수도원을 지을 만큼 이상을 좇기도 했다. 지금도 그의 이름을 기리는 순례가 매년 한 번 이곳에서 열리며, 그를 기리는 이들이 이제는 척박한 폐허가 된 교회로 여전히 모여든다. 그러나 수도원은 살아

---

* 웨일즈 남서부의 구릉 지대. 공식 지명이라기보다 전설에 근거한 명칭이다.
** 헤리퍼드셔(Herefordshire), 골든 밸리 인근의 선사시대 거석(무덤 또는 제의 구조물). 중세 이후 아서왕 전설이 덧씌워졌다.

데이비드 존스, 〈야생 조랑말〉

후기

남았다. 이곳의 외딴 아름다움이 1930년대 에릭 길^{Eric Gill}•과 그의 가족, 그리고 데이비드 존스를 이곳으로 불러들였다. 이 두 사람 모두에게 이곳은 창조성이 꽃피는 장소가 되었고, 특히 데이비드 존스에게는 이 일대 언덕들이 남긴 기억이 훗날 그의 작품에 길게 그림자를 드리웠다. 이곳에서 머문 시간들은 그들이 찾아 헤매던 어떤 것을 실제로 만나게끔 도와주었다. 그러나 동시에 그들은 전형적으로 경계를 이상화한 사람들이기도 했다. 즉 자신들이 보고 싶었던 것만 본 사람들이었다. 그들은 불과 몇 킬로미터 떨어진 곳에서 산업화 때문에 고통받는 계곡들의 현실을 외면했다. 텅 빈 계곡의 고요함이 가난과 인구 유출의 대가였으리라는 생각은 하지 않았다. 언덕들을 떠도는 야생 조랑말을 보면서 그들은 아서왕의 기병대가 패배한 이후 말들을 자유롭게 풀어 줬다는 전설은 떠올렸지만, 블레이너번의 탄광에서 죽기까지 혹사당했던 갱도의 말들과는 연결하지 않았다.

　　이 경계의 땅은 평온해 보이는 겉모습과 달리 그 아래 수많은 상처를 품고 있다. 이 땅은 사회적·경제적 층위든 피 흘리는 전쟁과 갈등의 역사든 온갖 상실과 슬픔과 고통을 겪었다. 작가 로널드 블라이스^{Ronald Blythe}는 케임브리지의 한 설교 자리에서 이렇게 말했다. "우리 시대에 마음을 참으로 불편하게 만드는 일 중 하나는 인간에게 끔찍한 폭력이 가해지고 상상하기 어려울 만큼 잔혹하고 야만적인 일들이 자행되었음에도, 우리가 마주한

• 영국의 조각가이자 서체 디자이너, 판화가, 수공예 운동가(1882-1940).

경관은 아무런 소리도 내지 않는다는 사실입니다." 그러고는 이렇게 덧붙였다. "나는 그것이 우리가 아직 경관을 제대로 읽는 법을 배우지 못했기 때문이라고 생각합니다."[11] 어쩌면 어떤 것들은 잊는 편이 나을지도 모른다. 도어 대수도원Dore Abbey의 고요한 성가대석에 선 이는 그곳에 묻힌 과거를 쉽게 짐작하지 못할 것이다. 1282년, 성 토마스 캔틸루프St Thomas Cantilupe가 이곳의 주 제대high altar를 축성하던 그 자리에도, 헤리퍼드 교구와 세인트 데이비즈 교구 사이의 갈등 때문에 무장 경비가 배치되어 있었다는 사실을 누가 상상이나 하겠는가?

그리스도교가 이곳에 뿌리를 내렸던 초기 시대까지 그 유래가 거슬러 올라가는 두 교회 역시 겉보기에는 충분히 평온해 보인다. 그러나 이 두 곳은 모두 죽음을 기억하는 장소이다. 여기서는 믿음 때문에 목숨을 잃은 두 지역 성인을 기억한다. 한 명은 강도에게 살해된 은둔자였고, 다른 한 명은 전투에서 죽은 왕자였다. 은둔자 성 이수이St Issui가 살았던 파트리쇼는 지금도 옛날과 다름없이 순례자들을 불러 모은다. 교회 아래 비탈에 숨은 듯 위치한 성스러운 샘에는 치유와 기도를 위해 찾아온 사람들이 두고 간 작은 십자가와 천 조각이 매달려 있다. 또 한 곳 클로독Clodock은 영어로 들릴 때 그저 시골스럽게 들릴 뿐이지만, 웨일즈어 이름 머서 클리다우그Merthyr Clydawg는 이곳이 또 다른 순교자, 전투에서 죽은 왕자 클리다우그Clydawg가 묻힌 자리임을 일러 준다. 시인 루스 비드굿의 말대로, 그는 "전쟁터와 기도의 자리에서 사람들을 이끌던 왕자"였다. 이곳은 곧 또 다른 "흔들리는 경계,

찰스 매카시, 〈스키리드 풍경〉

경계를 살다

분쟁과 상실, 지속되는 망령, 뒤섞이고 왜곡된 이름들의 자리"이다."[12] 이곳에서는 경계가 특히 노골적으로 드러난다. 교회 위쪽 수평선에는 오파의 제방이 길게 이어져 있다. 블랙 마운틴 절벽선을 따라 이어지는 이 거대한 흙 제방은 8세기 머시아를 다스리던 오파 왕이 쌓은 것이다. 그는 샤를마뉴 황제와 같은 시대를 살았던 자부심 강한 왕이었고, 이 거대한 흙 제방을 쌓아 서쪽의 이방인들에 맞서 왕국의 경계를 표시하는 동시에 자기 이름을 이 땅에 영원히 남겼다.

"사람들로 채워진 경관"의 선물은 이곳에 사는 우리가 우리보다 먼저 이 땅을 살았던 이들을 잊지 않도록 만든다. 무엇보다 우리가 땅 위에 발을 디딜 때 비로소 이 사실을 느낄 수 있다. 어딘가에서 로널드 블라이스는 이렇게 말했다. "누구든 **걸어서** 경관을 지나가는 이들은 혼자 그 풍광을 통과하는 법이 없다. 과거의 사람들이 그의 곁에 함께 서 있기 때문이다." 땅은 그들의 이름을 품고 있다. 그것이 역사적 이름이든, 신화적 이름이든, 영어이든 웨일즈어이든 상관없이 말이다. 이 땅은 이곳에 삶을 얽어놓은 사람들과 분리되지 않기에 그들의 초상화 전시실과도 같다. 성 이수이와 성 클리다우그 같은 많은 은둔자이자 켈트 성인들이 있다. 그들은 공식적인 교회 절차에 따라 성인이 된 것이 아니라 지역 공동체의 인정을 통해 성인으로 받아들여졌다. 그들의 헌신된 기도의 삶을 통해 그들이 몸담았던 공간이 변형되었음을 이웃들이 먼저 알아본 것이다. 독방과 은둔처의 삶을 지속한 그들에게 경계는 단 하나였다. 바로 이 세상과 다음 세상 사이의 경계, 그들은 이 두 세계의 사이에 서서 살아가고자 자신을 헌신했다. 그들의 삶은 하늘과 땅 사이의 경계를 함께 붙들고 있었다. 20세기 웨일즈 시인 그웬알트^{Gwenallt}는 성 데이비드가 여전히 자기 백성들 사이를 오가며 살아 있는 존재라고 노래하면서 이렇게 쓴다.

> 교회 안에는 두 세계 사이를 가르는 장벽이 없다.
> 이 땅에서 분투하는 교회는
> 하늘에서 승리한 교회와 하나이며,
> 성인들은 둘이면서도 하나인 이 교회 안에 있다.
> 우리 작은 회중과 함께 예배하러 오는 그들은,
> 말구유와 십자가와 빈 무덤을 근간으로
> 이 웨일즈를 세워 온 가장 오랜 조상들이기도 하다.[13]

그러나 가장 오래된 증언은 그 모든 이전부터 있었던 언덕들 자체가 품고 있는 이야기들이다. 내 부엌 창문으로 바깥을 내다보다 보면, 나는 그라이그 서버르딘^{Graig Syfyrddin}에 시선을 멈추게 된다. 세라핌의 언덕^{Hill of the Seraphim}이라는 이름처럼 하늘과 땅 사이를 쉽게 오가는 무수한 천사들의 모습을 떠올리게 하는 언덕이다. 그 부드럽게 높아지는 경사는 스키리드의 날렵한 윤곽과 극명한 대비를 이룬다. 스키리드는 이 일대에서 거룩한 산으로 알려져 있다. 전해지는 말로는 이 산 옆구리의 흉터처럼 깎아지는 듯한 절벽이 십자가 처형 때인 제삼시*에 생겼다고 한다.

그때 온 세상이 그리스도의 죽음을 애도하며 울부짖자 바위들이 무너져 내리고 거대한 산사태가 발생했다는 것이다. 여기에는 시간 바깥의 시간이 있다. 연대기적 시간에 대한 집착을 뒤흔드는 시간이다.

멀린, 오파, 성 이수이, 토머스 트러헌, 수없이 많은 천사들, 그리고 성 금요일^{Good Friday}의 사건들 모두 분명히 이곳에 함께 있다. 그리고 이 모든 것들이 저마다 유효한 몫을 지닌 채 서로 연결되고 얽어져 전체를 세우고 있다. 데이비드 존스는 이 사실을 깊이 느낀 것도 같다. 그의 작품 가운데 란소니 밸리를 배경으로 한 십자가 처형 그림은 이를 아주 생생하게 드러낸다. 그림 속에서 십자가는 근처 나무에서 잘라 낸 가지들로 만들어졌다. 가지가 잘려 나간 나무 밑둥이 날 것 그대로 화폭 전경에 보인다. 비둘기 같은 새가 한 마리 그 앞을 스쳐 날아가고, 한쪽에서는 이 농네의 야생 조랑말 한 마리가 풀을 뜯고 있다. 그 그림 위에는 이렇게 쓰여 있다. "카페 어 핀의 거룩한 그리스도^{Sanctus Christus de Capel-y-ffin}."[14]

데이비드 존스는 1세기의 사건을 20세기 한복판에 자리매김하고 있다. 반면 이 지역 도처에 모습을 드러내는 그린맨^{Green Man} 형상은 우리를 기독교 이전 시대로 데려간다. 그린맨은 입에서 잎과 덩굴이 돋아나고 눈썹이 가지와 덩굴손으로 자라 머리 전체를 덮고 있는, 잎사귀 틈 사이로 우리를 응시하는 한 인간의

• 대략 오전 9시경.

얼굴이다. 이 형상은 물질의 살아 있음과 창조의 본질적인 선함, 서로 연결된 인간과 자연의 관계에 대해 들려준다. 이 전통은 목공과 석공 기술을 가진 장인들에 의해 세대에서 세대로 전해져 왔다. 전적으로 시각적 전통이었고, 그 덕분에 우리는 글 한 줄 없이도 시간과 공간의 경계를 가로질러 전달되어 온 비밀스러운 지식과 상징의 세계를 엿볼 수 있다. 그린맨은 작은 예배당의 목조 벽면에 새겨져 나타날 수도 있고, 로울스톤 마을에 있는 교회처럼 12세기 석조 아치의 기둥머리가 되어 '영광 중의 그리스도 Christ in Majesty'를 조각한 팀파눔^{tympanum}*을 떠받치고 있을 수도 있다. 혹은 도어 대수도원의 경우처럼 후기 중세 시토회 수도원의 궁륭^{vault}** 높은 곳에 자리 잡은 장엄한 장식으로 옮겨졌을 수도 있다. 12세기, 이곳의 작은 지역 교회에 속했던 장인들은 그린맨을 그리스도 형상과 나란히 두는 일에 아무런 어려움을 느끼지 않았던 것이 분명하다. 마찬가지로 중세 후기에 시편과 성무일도를 낭송하던 수사들 역시 머리 위 높은 곳에 그린맨이 자리하고 있는 것을 전혀 불편해하지 않았다. 그러나 이것은 어쩌면 그리 놀라운 일도 아니다. 자연 세계의 창조 자체가 애초부터 시간과 장소, 신념의 장벽을 건너고 허물어뜨리는 연결의 고리 가운데 하나이지 않은가?

---

* 건물 정면의 대문이나 출입문, 창문 위에 얹혀 있는 반원형, 삼각형의 부조 장식.
** 교회 건축에서 천장을 둥글게 아치 형태로 덮은 구조.

경계를 살다

* * *

경계의 땅에 단정하고 단순한 것은 아무것도 없다. 땅 그 자체는 문자 그대로 가장 실제적인 주제가 되어야 마땅하지만, 실상은 그렇지 않다는 것을 거듭 확인한다. 이 땅은 복잡하고 붙들기 어려운 목소리로 말한다. 런던 거리를 걸을 때처럼, 혹은 다른 도시나 마을의 보행로를 걸을 때처럼, 금세 읽어 낼 수 있는 문장들을 드러내지 않는다. 도시의 보행로에는 쉽게 읽을 수 있는 문장들이 새겨져 있다. 배수구 뚜껑 하나만 보아도 누가 어디서 만들었는지가 정확히 적혀 있다. 이를테면 "햄 베이커 앤드 컴퍼니 유한회사, 소화전, 웨스트민스터Ham Baker & Co. Ltd, Fire Hydrant, Westminster" 혹은 "윈서 앤드 컴퍼니, 점검용 덮개, 버킹엄 궁전 길, 런던Winser & Co, Inspection Cover, Buckingham Palace Rd, London"이라는 글씨가 분명하게 새겨져 있다. 그 단어들은 내 발 아래로 공공 설비의 거대한 네트워크가 뻗어 있음을 알려 준다. 그러나 이 경계의 땅에서는 다르다. 발 아래의 땅은 확실성을 주는 근거가 아니라 신비의 근원이다.

　이 신비의 감각을 가슴에 품고서 나는 혼자, 혹은 몇몇 친구들과 함께 집 아래를 흐르는 쿰 개울을 따라 걷기 시작한다. 중간 중간 멈추어 이 경계의 땅에 살며 이곳에서 영감을 받은 시인들의 시를 소리 내어 읽는다. 그들의 언어는 우리 발 아래, 그리고 우리를 둘러싼 것들에 숨은 것들을 조금 더 잘 보고 느끼게 만드는 힘을 풍긴다. 우리는 천천히 걷는다. 대충 흘깃 보거나 걷만 쓸고 지나가듯 보지 않기 위해 주변을 의식적으로 살피고 언제든 멈춰 설 준비를 하면서 말이다. 루스 비드굿의 한 구절이, 혹여 우리가 그냥 스쳐 지나쳤을지도 모를 것들을 붙들어 준다. 조응, 무늬, **놀라움**." 그 가운데서도 놀라움이라는 말이 열쇠가 된다. 이 단어가 우리를 경이와 경탄으로 열어 주고 기쁨을 불러오며, 그 기쁨을 감사로 이끌어 가기 때문이다.

2008년 런던에서 열린 데이비드 존스 학회의 학술대회에서, 로완 윌리엄스는 이렇게 말했다.

저곳이 아닌 바로 **이곳**, 이 풍경, 이 나라, 말 그대로 이 자리, 브리튼, 웨일즈에 머무는 것은 이 장소에 깃들어 있는 수많은 시간들에 필연적으로 연결되는 것과 다름없습니다. 이 장소에서 지적 존재이자 문화적 존재로 산다는 것은 이 한 장소에 존재해 온 시간들과 차이들의 목소리를 귀 기울여 듣는다는 뜻입니다.

한 장소에 머물면서도 더 넓은 지평의 일부가 되는 것. 이 책이 계속 탐색해 온 주제 가운데 하나가 바로 이것이다. 고유함은 보편을 향해 열려 있다. 작은 공간에서 위대한 생각을 펼치는 작업은 웨일즈에서는 익숙한 일이다. 20세기 초 시인 월도 윌리엄스Waldo Williams는 고전의 한 구절로 이를 표현한다.

카일 네아드 바우르Cael neuadd fawr
흐룽 커붕 브르야이Rhwng cyfyng furiau

경계를 살다

로완 윌리엄스는 이 구절을 "좁은 벽 사이에서 넓은 거실을 누리며 사는 삶"이라고 옮긴 후, 이 구절이 삶 자체를 정의한다고 일러 준다.[15] 작은 것에 큰 것이, 현시적인 것에 보편적인 것이 담긴다. 오늘날 웨일즈에 사는 또 다른 시인 앤 클뤼제나르Anne Cluysenaar는 말한다. "가까운 것과 먼 것은 긴장 가운데 함께 묶여 있다. 눈앞의 경관은 그것이 더 넓은 세계의 일부로 포용되는 순간 새로운 은유로서 의미를 갖게 된다…"[16]

그러므로 이곳에 존재한다고 하여 우리를 제한하는 것은 아니다. 수도원 전통에서 말하는 안정은 결코 정체를 가리키지 않는다. 그것은 끊임없는 변화와 변형에 대한 헌신과 연결되어 있다. "이 경관이 10년 전과 똑같은가, 아니면 변했는가?"라는 물음은 곧 "나도 변했다"라는 사실을 떠올린다. 나는 늘 변화하고 있다. 그 변화는 요란하지 않고, 새로움을 향해 조용히 조금씩 열려 가는 일이다. 아마도 내가 그것을 말로 설명해야 하는 순간이 오기 전까지는 내 안에서 벌어지고 있다는 사실조차 온전히 알아채지 못하는 그런 변화이다. 이는 내가 지금 경관을 읽어 내는 방식이, 그동안 글을 쓰고 가르치며 줄곧 생각하고 탐구해 온 내용들을 반영하고 있음을 뜻한다.

인생에서 이 시점에 이르렀을 때 누리는 가장 큰 기쁨 가운데 하나는 여러 갈래의 실가닥들이 하나의 태피스트리에 서서히 모여들기 시작하는 것을 보는 일이다. 뒤돌아보면 과거와 현재가 서로 엮이면서 이전에 없던 온전함, 통일성을 직조해 놓곤 한다. 나는 그 토대를 놓아 준 과거에 경의를 표하고 싶다. 지역 골동품 전문가였던 아버지 덕분에 나는 역사학자로서 첫 훈련을 받았다. 교회 건물을 보는 법을 가르쳐 준 이도 아버지였다. 케임브리지에서 역사학을 공부하던 시절에는 텍스트를 충실하게 대하는 것이 얼마나 중요한지 배웠고, 학문적 비평과 자료 활용을 위한 도구들을 숙지했다. 그 후 나는 문자와 문헌의 세계를 잠시 벗어나, 시각적인 것, 기록되지 않은 것의 역할을 발견해 왔다. 하지만 그 시절, 교구 경계를 따라 걷고 들판 구획을 살피고 쌓여 있는 벽돌들의 연대를 측정하고 항공사진을 들여다보던 한 젊은 여성이 경관에 담긴 시적 감수성, 신화적·상징적 차원의 중요한 역할을 발굴하게 되리라는 것을 어찌 알 수 있었겠는가. 시인들과 예술가들의 조명 아래서, 나는 상상력, 그리고 이미지와 상징이 수행하는 중요한 역할을 점점 더 깊이 의식하게 되었다.[17]

무엇보다 경계의 땅이 우리에게 보여 주는 이미지는 문턱, 곧 건너가는 장소의 이미지이다. 이 책이 처음 출간된 이래 나는 세례에 대해 더 많이 생각해 왔고, 그 결과 이 문턱의 이미지는 내 안에서 훨씬 더 큰 의미를 갖게 되었다. 세례란 본질적으로 옛 자아에서 새 자아로, 이전 삶의 방식에서 새로운 삶으로 문턱을 건너가는 사건이기 때문이다. 이제 나는 헤리퍼드 대성당에 있는 마파 문디를 볼 때, 왜 그 중세 지도에서 홍해가 과도할 만큼 붉고 크게 그려져 있는지를 조금은 알 것 같다. 그 지도는 지리적 정확성이 중요한 것이 아니라 신학적 목적에서 그려졌기 때문이다. 홍해는 이스라엘 백성의 경험 중에 가장 위대하고 무거운 문턱의 경험을 상징한다. 그리고 이 홍해의 경험은 그리스도의 생애 가운데 요단강에서의 사건, "성령이 열어 가는 새로운 질서의 시작"과 나란히 놓인다.[18] 홍해는 옛것에서 새것으로 넘어가는 통로이며, 요단강 역시 동일하다. 둘 다 경계의 장소이자 자유로 들어가는 문이다.

나이가 들어갈수록 이 문턱의 의미는 내게 점점 더 중요해진다. 나는 과거 내 삶에 놓여 있던 수많은 문턱들을 다시 돌아보곤 한다. 당시 나는 그것들에 얼마나 주의를 기울였는가? 그 문턱들을 깨어 있는 마음으로 건넜는가, 아니면 무심코 지나쳤는가? 그곳에 은총이 깃들어 있음을 알고 있었는가? 이 책의 미국판을 평한 르네 브래니건 수녀^{Sr Renée Branigan OSB}는 나와 편지를 주고받던 중 흥미로운 질문들을 던졌다.[19]

성장이 대부분 나선형으로 진행된다고 할 때, 언젠가 다시 그 문턱으로 돌아가리라 기대해 볼 수 있을까요? 그렇다면 그때 문턱은 예전과 똑같은 문턱인가요, 아니면 달라진 문턱인가요? 인내는 문턱의 덕목일까요? 문턱은 얼마나 많은 것을 수용하고 흡수하나요? 양방향으로의 흐름을 허용하나요? 한참 지난 뒤에 거꾸로 그 문턱을 건넜음을 깨달을 수도 있나요?

그녀는 이 질문들의 답을 모르겠다고 했다. 나 역시 마찬가지이다. 하지만 하나는 안다. 우리는 삶에서 문턱이 연속되는 것을 피할 수 없으며, 이 문턱들은 삶의 일부라는 것, 그리고 그 하나하나를 용기와 섬세함으로 마주하며 살아내야 한다는 것이다.

131

여기에는 무엇이 앞으로 올지 모르는 상태, 불확실성이 있다. 그러나 이것은 불안정한 것과 다르다. 이 둘을 구분하는 것은 아주 중요하다. 나는 내가 어디에 속해 있으며, 어디에 뿌리를 두고 있는지 알고 있다. 바로 이 단단한 근거, 이 중심이 있기에, 나는 굳게 서서 미지의 세계로 한 걸음 내딛는 채비를 할 수 있다. 새로운 질문과 새로운 탐색을 향해 나 자신을 열 수 있다. 이것이 바로 안정이 주는 선물, 뿌리를 내리고 존재하는 것의 덕목이다. 성 베네딕트는 인간 심리에 대한 탁월한 통찰을 바탕으로 한《규칙서》에서 이 안정성을 삶의 주춧돌로 제시한다. 이 지혜는 그의 제자들은 물론 우리 모두에게 유효하다. 마크 털리는 2002년 헤이 페스티벌 강연에서 이 점을 또렷이 보여 주었다. 그는 새로운 것을 기쁘게 맞아들이면서도 뒤에 남겨진 것의 일부가 되는 균형의 중요성을 언급했다. "우리는 자신의 두 발로 단단히 서 있을 필요가 있습니다. 그래야 앞으로 나아갈 수 있고, 우리 자신을 '세상이라는 바람' 앞에 열어 둘 수 있기 때문입니다."

* * *

책을 마무리하던 지난 몇 주, 때 아닌 비가 내렸고, 안개와 구름이 종일 하늘에 걸려 있었으며, 햇빛은 잠깐씩만 얼굴을 비추고 사라졌다. 부엌 창가에 서면 세라핌의 언덕은 또렷한 윤곽을 드러냈다가, 잠시 뒤면 자취를 감추곤 했다. 나는 이 풍광이 지닌 쉽사리 붙잡히지 않는 면모가 고맙다. 그저 내게 주어진 것들이기 때문이다. 미국 작가 루시 쇼^{Luci Shaw}는 북웨일즈의 장엄한 산들이 아니라 오히려 이러한 풍광이 자신에게 말을 건넨다는 사실에 적잖이 놀랐다고 고백한다. "나는 단단하고 첨예하게 빛나는 봉우리들을 사랑하는 줄 알았다. 이 아침 안개 속으로 걸어 들어오기 전까지는." 이 말은 현존과 부재, 명료함과 확실성 없이 취약함 속에서 살아가는 상태를 아주 생생하게 보여 준다. 그러나 이 취약성 속에는 이상하게도 내면의 견고함과 힘이 동시에 드러난다. 빛과 어둠이, 그리고 그 둘 사이의 끊임없이 오고 가는 흐름이 이 경관 속에서 끝없이 펼쳐진다. 빅토리아 시대의 일기 작가이자 사제였던 프랜시스 킬버트는 란소니 밸리에서 맞은 1870년 어느 봄날을 이렇게 기록했다. "블랙 마운틴은 구름에 감싸여 전혀 보이지 않았다.…구름과 안개가 밀려 나가자 푸른 하늘 속에 산들이 우뚝 솟아올랐다."[20]

나는 바란다. 이 책이 겉으로는 웨일즈 접경지라는 특정한 한 장소에 관한 이야기처럼 보일지라도, 독자들이 이 책을 이미지와 상징의 차원에서 읽어 주기를. 그리고 외부 경관과 자기 내면의 풍경을 서로 연결 지어 보기를. 이 점을 가장 잘 보여 주는 사례로 나는 토머스 머튼의 수도원 일상을 들고 싶다. 그의 삶은 웨일즈의 언덕과 계곡이 아니라, 미국 켄터키의 완만한 구릉들 가운데 자리했다. 그러나 이곳에서도 우리는 외부 경관과 내면의 풍경이 어떻게 서로 얽힐 수 있는지 볼 수 있다. 머튼은 젊은 시절 뿌리내리지 못한 채 떠도는 사람이었다. 프랑스와 영국, 뉴욕을 전전하며 어디에도 속하지 못한 채 떠돌이로 살았다. 그런 그가 트라피스트 수도원인 겟세마니에 들어갔을 때, 수사라는 소명은 그에게 안정감을 주었고 그것은 그가 간절히 목말라 하던 것, 바로 "한 자리에서 사랑하며 머무는 법"을 선사했다. 비로소 땅에 뿌리 내리고 있다는 느낌과 함께 그는 자신의 진정한 내면의 여정, 곧 평생의 소명을 시작할 수 있었다. 머튼을 잘 이해하는 한 사람은 그의 삶을 이렇게 요약했다. "그는 바다를 건너거나 새로운 도시를 찾아 나서는 대신 한 자리에 뿌리를 내림으로써 자기 마음의 진정한 영토로 건너갔다. 겟세마니에 자신의 마음을 뿌리 내리자, 그는 오히려 자기 시대의 더 넓은 지평을 역설적으로 경험하게 되었다."[21]

이 얇은 책은 당신 내면의 풍경 속에서 경계 지대를 찾아가 거기에 머물러 보라는 초대이다. 이 책을 마치며, 쿰 개울을 따라 나와 함께 걷겠다고 한 이들에게 내가 늘 건네는 말을, 그리고 우리가 함께 읽게 될 시인들의 말을 그대로 옮기고 싶다.

이곳 경관을 눈으로 보고 들으며 걷는 일은 조용한 한 편의 대화와 닮았습니다. 이 대화는 시간을 들여야 하는 경외와 존중의 몸가짐을 요구합니다. 그러나 이 대화는 여러 층위에 걸친 새로운 탐험의 기회를 우리에게 선사하기도 합니다. 이 대화를 통해 우리는 무엇보다 각자의 내면으로 들어가는 여정을 시작할 수 있습니다. 당신은 이 탐험에 함께 나설 준비가 되셨나요?

묵상을 위한 글

경계 위에서 산다는 것

경계 상태란 사회적·문화적 현상이다. 그러나 동시에 형이상학적 가능성으로도 가득하다. 그것은 서로 다른 세계들 사이의 경계, 산 자와 죽은 자 사이, 보이는 것과 보이지 않는 것 사이, 표면과 깊이, 언어와 침묵 사이의 접경으로 이해될 수 있다.

제러미 후커Jeremy Hooker, 〈시를 제 자리에 두기Putting the Poem in Place〉,
글래모건 대학교Glamorgan University 교수 취임 강연, 2007, 15.

인간은 경계에 사는 자이다. 물질과 영이 나란히 행진하는 땅에서 홀로 거하는 유일한 거주민이다.

데이비드 존스, 《시대와 예술가*Epoch and Artist*》 (London: Faber, 1959), 86.

경계의 땅에 머물다 보면 비로소 연결, 뿌리, 한계, **의미**를 발견하게 된다. 그곳에 오래 산다는 것은 마치 여러 겹의 장막이 하나씩 걷혀 나가는 경험과도 같다.

L. 윌리엄 컨트리맨, 《거룩의 경계 위에서 살기: 인간이라는 사제직과 교회*Living on the Border of the Holy: The Human Priesthood and the Church*》 (Harrisburg, PA: Morehouse Publishing, 1978)

차이와 더불어 산다는 것

직물의 비유를 진지하게 곱씹어 볼 때, 직조된 정체성이란 무無에서 갑자기 형성되는 게 아니라 우리 각자가 헤아릴 수 없이 다양한 차이들의 교차 지점임을 자각할 때 비로소 형성된다.…이는 곧 자아가 겹겹이 층을 이루며, 동시에 어딘가 깨져 있는 실재임을 인정하는 것이다.

로완 윌리엄스, 4장 "거룩한 삶 빚어가기Shaping Holy Lives," 《봉헌자 생활*The Oblate Life*》, 저베이스 홀더웨이Gervase Holdaway OSB 편집 (Norwich: Canterbury Press, 2008)

우리 문화에서는 하나의 기준이 점점 압도적인 힘을 갖게 되었다. 바로 '편안함'이라는 기준이다. 이 애잔한 단어는 어디서나 고개를 든다. "난 이건 좀 불편해요. 저건 별로 편하지가 않네요…" 일단 편안함이 현실을 가늠하는 척도가 되어 버리면, 우리는 자칫 자기 자신이라는 감옥 안에 갇힐 위험을 떠안게 된다. 타자와 마주치는 일, 낯설고 다른 것과 진지하게 관계 맺는 일은, 거의 우리를 편안하게 놔두지 않기 때문이다.

성공회 성 요한 복음사가 수도회SSJE 마틴 L. 스미스Martin L. Smith SSJE, 《탄생과 수난*Nativities and Passions*》 (London: Darton, Longman&Todd 1966; Cambridge, MA: Cowley Publications, 1995), 59.

묵상을 위한 글

공간에 산다는 것

사람과 공간 사이에는 대화가 끊이지 않아야 한다. 그것이 곧 인간으로 산다는 것의 한 부분이기 때문이다.

앰브로스 워든Ambrose Wathen, "규칙서에 나타난 공간과 시간Space and Time in the Rule", 시토회 연구Cistercian Studies, 1992, XVII, 1

당신에게 우주의 중심은 어디인가? 우리는 전체를 이해하기 위해 하나의 중심을 필요로 한다. 인간은 방향 잡힌 삶을 경험하고자 하므로 중심을 필요로 한다.

존 유디스 뱀버거John Eudes Bamberger, "중심을 정의하는 것에 관하여On Defining the Centre", 시토회 연구Cistercian Studies, 1980, XV, 382

우리 모두 오랫동안 애써 탐구해 온 질문은 이것이다. 곧 시간과 영원 사이의 상호작용. 질문은 이렇게 요약할 수 있다. "변모된 중심에서 어떻게 살아갈 것인가?"

에스더 드발이 《성 브렌던의 항해Navigatio Sancti Brendani Abatis, The Voyage of St Brendan the Abbot》에 기대어 신시아 부르조Cynthia Bourgeault의 말을 변주함.

시간에 산다는 것

한 해는 영원의 상징이다. 끊임없이 되돌아 맴돌며 멈추어 서는 법이 없기 때문이다. 그리스도는 우리의 이전 삶을 지나가 버린 과거로 여기시고 그분의 죽음과 부활의 리듬을 따라 우리에게 새로운 삶의 시작을 선물하신다.

고대 유월절 설교에서. 성무일도 II, 509.

성육신과 부활 두 사건 모두에서 빛이라는 상징이 중심에 놓여 있다는 사실을 깨닫는다면, 곧 성탄절과 부활절의 신비가 서로 떼려야 뗄 수 없음을 알게 될 것이다. 이 두 절기는 시간 안에서, 그리고 시간을 넘어 일하시는 하느님 활동의 틀을 이루며, 그리스도교 신앙과 소망의 중심을 형성한다. 부활절이 없다면, 성탄절은 아무 의미가 없다. 성탄절이 없다면, 부활절은 의미를 잃는다.…성육신과 부활의 복음은 몇 가지 질문에 주어진 답이 아니다. 그것은 지속적으로 꺼지지 않고 모든 어둠에 맞서 버티는 빛, 끈질기고 저항하는 빛이다…

케네스 리치Kenneth Leech, 〈인딘펜던트The Independent〉 기고글, 1992년 12월 20일.

불확실성과 더불어 산다는 것

종교의 토대에 아무런 위태로움이 없다면 그 종교는 곧 생명을 다하고 만다. 확실함이 사방 가득 들어선 집에 살면서 어떻게 관상적일 수 있겠는가?

크리스티앙 드 셰르제 신부Fr Christian de Chergé, 북아프리카 시토회 공동체 수도원장, 1996년 알제리에서 순교

종교 공동체에는 어느 정도 삐걱거리는 구석이 있어야 한다.…

모든 곤경에서 건져 주시는 분, 하느님 한 분에게만 의지하고 있어야 한다. 공동체가 더 이상 삐걱거리지 않게 되는 바로 그 순간, 그 공동체는 더 이상 하느님께 의지하지 않게 된다.

성공회 성 요한 복음사가 수도회 R. M. 벤슨 신부Fr R. M. Benson SSJE, 카울리의 신부들 Cowley Fathers 설립자

벼랑 끝에서 산다는 것은 언제나 불확실한 일,

쐐기의 가장 얇은 끝,

끝내 다 지켜지지 못한 약속,

간신히 붙들고 있는 서약 위에

몸을 싣는 일이다.

폴 그로브Paul Groves, '앵글로-웨일즈,' 《가장자리의 풍경: 와이 밸리와 웨일즈 경계의 시들Landscapes on the Edges: Poems of the Wye Valley and Welsh Border》, 마고 밀러 Margot Miller, 수 샤프Sue Sharpe 편집 (Ross-on-Wye: Fineleaf, 2010), 27.

약속과 더불어 사는 삶

문턱에는 이 세상 것이 아닌 듯한 결이 있다. 어느 쪽도 아니면서, 아직 어디에도 속하지 않은 자리이기 때문이다. 그러나 바로 이 보류된 상태 속에서 다가올 일을 위한 무대가 차츰 마련된다. 말하자면 이미 밭을 갈아놓고 씨를 뿌려 둔 셈이다. 무엇이 태어났는지 우리가 알아보게 되는 것은 언제나 한참 뒤의 일이다. 문턱은 나뭇가지에 도드라진 성장 마디들처럼 닮아 있다. 더 멀리 자라기 전에, 먼저 어디까지 자랐는지를 보여 주는 표지들인

것이다.

르네 브래니건 수녀, 개인 편지 (르네 수녀는 베네딕트회 수녀로, 미국 노스다코타의 리처튼에 있는 성심수녀원Sacred Heart Monastery 소속임.)

죽음과 생명 가운데 사는 삶

나는 **패배**의 전통을 다시 불러내는 일이야말로 그 자체로 **패배하지 않은 것**, 꺾이지 않은 것을 확인하는 일이라고 생각한다.…꺾이지 않은 것, 우리가 결코 빠져나갈 수 없는 것은 우리가 좋든 싫든 우리 안에 뿌리를 내린다. 그것은 우리가 이해하거나 지배할 수 없는 정체성의 경관이기 때문이다.

로완 윌리엄스, 4장 "거룩한 삶 빚어가기," 《봉헌자 생활》

부활은 죽음 한가운데서소자 그 성계가, 우리의 예상과는 달리, 여전히 열려 있음을 보여주는 표지이다.…그러므로 우리는 믿음과 불확실성이 뒤섞인 마음으로 그 경계에 다가간다.…우리는 우리가 통제할 수 있는 영역의 가장자리에 이르는 일을 좋아하지 않는다. 죽음과 새 생명이 이 자리에서 뒤엉켜 있다는 사실 또한 달가워하지 않는다.

L. 윌리엄 컨트리맨, 《거룩의 경계 위에서 살기: 인간이라는 사제직과 교회》

경계에 머무는 시들

좋은 대화의 기술이란 시간을 들이는 일이다. 상대의 말을 귀 기울여 듣고, 그 목소리를 존중하며, 거칠게 끼어들지 않는 태도가 무엇보다 중요하다. 경관과의 대화에서도 마찬가지이다. 시인들은 이러한 대화를, 하나씩 장막을 걷어 내는 일로, 혹은 암호를 풀어 가는 일로 말한다.

이 경계의 경관에서 영감을 받은 시인들과 예술가들은 내가 이 땅을 보고 그 목소리를 들을 수 있도록 도와준 이들이었다. 그들 가운데 일부의 작품을 이 책에 실을 수 있도록 허락해 준 데 깊이 감사한다. 이 작품들은 이 책의 결을 이루는 데 중요한 일부이기도 하다. 또한 그들은 기꺼이 자신을 소개하고, 이 지역과 맺어 온 인연과 관계에 대해 직접 들려주었다.

와이강을 따라

찬란히 빛나는 여름날,
이 접경의 땅에는
피로 얼룩진 역사가 있고,
그것이 빚어낸 비옥함 위로
초록 잔디가 융단처럼 끝없이 펼쳐져 있구나.
한때 군대들이 행진하던 곳,
왕들이 올라섰다가 사라진 자리…
경계의 땅은 이따금 낮게 읊조리네,
지나간 것들과 한때 여기 있었는지 모를 것들을.

시토회 수도자들은 이 푸른 언덕들 사이에
자기들의 수도원을 품듯 앉히고,
기도로 흠뻑 젖은 빈 공간,
그 한가운데 안뜰을 두어
공동의 삶을 세웠네.
이제 그 회랑들은 동쪽,
곧 어둠에서 빛을 가리키고 있지만,
앙상한 폐허만 남은 자리에서
시간을 노래하는 것은 오직 바람뿐이네.

경계에 머무는 시들

경계의 땅은 이따금 낮게 읊조리네,

지나간 것들과 한때 여기 있었는지 모를 것들을.

이 땅이 이끌어 가는 웨일즈 사람들처럼,

이 풍경도 노래할 뿐이네.

하느님께서는 장막을 걷어 올려

블랙 마운틴 능선 사이에

골든 밸리를 드러내시네,

현재와 과거의 생명이

가득 북적이는 이 자리에.

—보니 서스턴

웨일즈의 또 다른 풍경

웨일즈에 산다는 것은
늘 불화를 의식하며 사는 일.
여기서 우리는 역설을 떡처럼 뜯어 먹고,
온 사방으로 뻗어나가는 동맥을 함께 나누어 쓰면서도
그 동맥들이 흐름을 막아 버리는 것을 안다.
잃어버린 역사를 돌보고,
분노 속에 불타버린 풍경을 간호한다.
계곡들은 끝없이 말을 되뇌지만,
되돌아오는 메아리는 처음과 같은 말이 아니다.

과거는 하나의 상처.
웨일즈는 남들이 부리는 자부심에
이제 진저리가 났다.
로마인, 색슨, 노르만, 다시 색슨에게
견뎌 온 그 허세와 군홧발 행군,
노랫결을 갉아먹고,
혀를 뿌리째 뽑아 버린
둔탁한 박자, 멍청한 리듬.

그러나 여전히 믿음을 붙들게 하는 유물들이 있다.

힘은 아직 여기,

가슴 깊은 곳,

썩어가는 권양 장치 너머 어딘가에

고이 접혀 있다.

네가 듣는 그 울부짖음은

죽음이 아니라 탄생이다.

흘러내리는 창자는 태반이다.

가끔은 비가 걷히고,

바람이 알맞은 방향에서 불어오면,

너는 문득 어렴풋이 들을 수도 있다,

옛 노래 하나가 새로이 되어 되살아나는 소리를

―마이클 우드워드

옛 노래

창밖에서 들려오는 새소리가
물결의 떨림을 떠올린다.

내 몸을 길게 뻗어
시냇가 가장자리 깊은 고사리 사이에 누워 있던 날,
꿀벌의 윙윙거림과
미로처럼 얽힌 중얼거림들만
머릿속으로 들어온다.

새소리와 물소리는 슬픔을 멀리 실어 나른다.
나는 산 안개를 헤치고 집으로 걸어 내려오며
네 이름을 부르고 또 불렀다.
―프랜시스 호로위츠

약속의 땅

(에스더를 위하여)

늪과 흙덩이 위를 터벅터벅 걸어가는 일,

안개와 괴롭힐 듯 흩날리는 비 속을 지나 나아가는 일은

황금빛 권세를 자랑하는 제국의 성채들을

보러 가기 위함이 아니었다.

그 모든 여정은 다만

거룩한 산˙을

한 번만 더 보기 위함이다.

칠흑 같은 어둠 속에 방치된

버려진 갱도,

덜그럭거리며 돌아가는 권양기,

끝없는 낙하.

산의 갈라진 옆구리를

그 피가 불러낸 것인가,

예배당 설교자들이

• holy mountain: 스키리드 바우르(Skirrid Fawr)를 가리킨다. 흉터처럼 보이는 이 산의 독특한
경사는, 전승에 따르면 그리스도께서 십자가에 달리신 제삼시(오전 아홉 시) 무렵, 그분의 죽음
을 애도하며 바위들이 무너져 내리며 생긴 산사태의 흔적이라고 여겨진다.

노래와 진노의 천둥으로 높이 찬양하던

바로 그 피가?

이제 그와 똑같은 피가

풀려난 기쁨으로 들뜬 심정을 따라

그 안에서 다시 뛴다.

보는 것과 만지는 것이

하나가 되는 그 자리에서.

영혼의 거처에서,

그는 크라이그 세러르틴° 언덕 위로

아무렇지도 않게, 맑게 흘러가는 구름이

과거의 짙은 어둠을

말끔히 지워 버리는 것을 바라본다.

거친 한 줄기

웨일즈의 바람이

버려진 골짜기를 거슬러 불어 올라

그를 집으로 몰아간다.

너무 오랫동안 두려워해 온 저 세계로부터

축복 속에 씻겨 돌아온 몸으로.

―글렌 카벌리에로

• Craig Serrerthin: 세라핌의 언덕에 해당하는 웨일즈 명칭의 변형이다.

헤리퍼드셔 노르만 성당

소란한 옥스퍼드를 벗어나고자
나는 자전거를 타고 이플리까지 가곤 했다.
그 노르만 양식 성당
그늘 속에 앉아
조금은 숨을 고를 수 있었다.
왜 그곳이 나를
끌어당겼는지 알지 못했다.
다만 나를 달래고,
가라앉히고, 다시 중심을 잡게 해준다는 것만은 알고 있
　　었다.

삼십 년이 지나서야
나는 그 이유의 한 조각을
어렴풋이 보게 되었다,
이곳에서,
이 고장 돌로 지은 성당들 안에서.
사람의 도움 없이도
그냥 흙에서 저절로
솟아오른 듯한 성당들,
산울타리처럼 자연스럽고

생명으로 가득한 성당들.

네모난 단순함은

아치와 반원형 후진^{apse}•으로

부드러워지고,

화려한 부채궁륭이

눈을 위로 잡아끌어 올리는 법도 없다.

집처럼 아늑한 톱니무늬 아치들이

벽과 바닥을 단단히 잇고,

이 공간을 견고하게,

품어 안는 자리로, 쉽게 사라지지 않을 자리로 만든다.

꾸밈없는 성당들 안에는

실제로 살아 움직이는

영의 삶이 깃들어 있다.

레이스 소매도, 향내도

한 번도 곁들여진 적 없는,

투박하게 떼어 나눈 빵,

흙 냄새가 배어 있는

값싼 주석 잔의 포도주를

그저 담담히 내어놓을 뿐이다.

• 교회 건축에서 제단 뒤편에 형성된 반원형 공간.

경계에 머무는 시들

존 닐슨, 〈원형을 이루는 돌기둥들〉

이 소박한 성당들은

이 땅의 삶을

기도의 실천에 뿌리내리게 한다.

수많은 갈림길마다

조용히, 누구에게나

이러한 초대를 건넨다. 잠시 멈추라.

쉬어 가라. 그리고 기억하라.

평화는 이해를 훨씬 넘어선다는 것을.

—보니 서스턴

경계에 머무는 시들

순교자 클리다우그

클로독, 투박하고, 영국 말 같은 발음.
클리다우그, 사라졌던 웨일즈어가 다시 돌아온다.
사랑 때문에, 사냥 나간 길에
질투 깊은 경쟁자에게 목숨을 잃은,
좀 낯선 순교자 같아 보이지만,
전쟁터와 기도의 자리에서 사람들을 이끌던 왕자이기도
　했다.
그래서 그의 이야기는 어딘가 기적의 향을 머금고 있다.
부러진 멍에에 힘입어 소들이 그의 시신을
여울 건너 끌어 옮기기를 끝내 거부하며
바로 이곳이야말로
그의 무덤이 되어야 한다고 버텼다.

교회 안, 회중 가까이 자리한 음악대는
마치 토머스 하디 소설에서 툭 떼어 온 듯 보인다.
그러나 파헤쳐진 돌에 남은 라틴어 문장은 기억하고 있다.
"그 충실한 여인,
귀인다Guinnda의 사랑하는 아내"를.
수 세기 전, 이곳 끝없이 흔들리는 경계의 땅,
분쟁과 상실, 지속되는 망령, 뒤섞이고 왜곡된 이름들 속

에서,

흙 깊은 곳까지 스며 있는 웨일즈다움,

아직 인정받지 못한 풍요,

끝내 다 헤아려지지 않는 힘을

품은 채 살았던 그녀를.

—루스 비드굿

157

돌담벽, 웨일즈

트인 들판 위로 빛이 흐르고,
어딘가 성인의 넉넉한 거룩함처럼
자신이 담긴 공간에 다 들어오지 못할 것 같은,
어둡고 신비로운 골짜기들이 곳곳에 숨어 있는 땅.
웨일즈의 아름다움은 너무 광활해서,
우리는 그것을 조금씩 나누어 붙잡을 수밖에 없다.

그래서 큰 산들, 바람에 쓸리고 휩쓸리는 능선들과
푸르게 굽이치는 언덕들은
하나하나 벽으로 구획된다.
편평한 회색 돌판들,
오랜 손길과, 화가의 눈으로 맞추어 엮어 낸
퍼즐 같은 돌 조각들.

오파의 제방 위로 올라가면 어떤 돌담들은 날카롭게 서
　　있고,
고작 백 년 남짓 된 이끼만을 걸치고 있다.
반면, 펜알트 마을의 오랜 교회에서
산 아래로 구불구불 내려오는 비밀스러운 좁은 길가의 돌
　　담들은

아주 오래되어, 짙은 이끼에 둥글게 덮여 있다.
마치 땅이 제 것을 되찾으려고 위로 손을 뻗은 것처럼.

하지만 가장 견고한 벽들은 눈에 보이지 않는다.
그것들은 마치 그룹들의 불타는 칼처럼,
돌을 쌓은 이들의 비밀, 방랑자들을 지키시는 분과의 연결,
잃어버린 모든 것들의 보관자,
그 세심한 보살핌의 비의를 조용히 둘러싼 채 서 있다.

―보니 서스턴

돌

아르카디아^{Arcardia}•는 이곳에 있었던 적이 없다.

얼음 바늘들이 얇은 흙을 괴롭혔고,

봄눈은 북쪽 담장 아래 오랫동안 누워 있었다.

그런데도 토탄불은 한여름의 심장을 지니고 타올랐다.

밀려났다가 물러가는 수많은 생의 물결이 남겨 놓은 것은

돌의 파편들—회색 거석들이었다.

지금은 덤불 같은 풀밭 속에 반쯤 잠겨 있지만,

저 위 능선에서는 여전히 행렬을 이루듯 늘어서서

어딘가 미지의 자리로 우리를 이끌어 간다.

골짜기 틈새 어딘가에는 한때 아궁이를 감싸 주었던 돌고
　리 하나,

그 뒤 시대엔 지붕마저 없이 시냇물을 거슬러 높이 매달리
　듯 선

오두막 하나가 있다.

돌무덤이 겹겹이 쌓인 언덕의 그늘 아래.

해마다 가을이면 지붕을 일러 메우려 잘려 나가던 갈대는

어느 해부터인가 더 이상 베어지지 않았고,

세월이 흐르며 그곳으로 향하던 길은 사라졌다.

———————

• 이상향

이곳에서 오래 견디는 것은 오직 돌뿐.

돌은, 셀 수 없이 많은 과거들을 등에 업고

삶이 여기 있었다는 것, 앞날 역시 있다는 것을

조용히 증언한다. 그러나 질문에는 끝내 답하지 않는다.

오늘 햇빛에 덥혀 따뜻해진 담벼락을 쓰다듬으며,

내 손바닥에 살며시 배어 나오는 수많은 여름의 온기를 느
　끼면서도

그 모든 것이 여전히 숨겨져 있음을 느낀다.

그래서 나는, 만약 그럴 수만 있다면, 주먹 안에서 이 돌을
　부숴

진리의 젖이 흘러나올 때까지 짜내고 싶다.

—루스 비드굿

양의 해골을 발견하며

길 가장자리에서
불쑥 드러난 뼈 하나의 충격,
잎사귀들에 거의 가려진
커다란 버섯 하나처럼.

나는 해골을 살살 집어 들고
흙과 거미들을 털어낸다.
헐거운 이빨들이 턱뼈 속에서 덜컹거리고,
아무 냄새도 나지 않는다.

햇빛 쪽으로 들어 올리면
잿빛이 도는 연두색의 반투명 껍질.
빛이 물처럼
흘러들어
가느다란 뼈 조각들 사이를 스며 지나간다.
숨은 동굴들 속에서는
해골의 실 같은 조각들이 아래로 매달려 있다.
서리와 비가 그것들을
갈기갈기 찢긴 레이스처럼 변모시켜 놓았다.

계절들은 그 대칭을 조금씩 갉아 먹어 간다.
이것은 봄을 메아리치는
하나의 대성당.
썩어 가는 그 안에
어린 양과 들판과 해의 단조로운 노래가
뼛속에 깃들어 산다.

얕은 두개골 하나가
내 손바닥에 꼭 들어온다.

─호기심 많은 아이들을 위해
그것을 집으로 가져간다.
─프랜시스 호로위츠

그린맨

나는 그린맨을 만난 적이 없었다.
웨일즈 접경을 어정어정 걷다가
우연히 그를 보기 전까지는.
그날 이후 나는 그를
모든 교회에서 발견했다.
잎사귀로 가린 가면,
먼지 쌓인 모퉁이에서
비옥함을 비웃듯
비릿하게 웃는 판^{Pan}.•
혹은 약간 놀란 표정의
남자의 머리가 하나,
초록을 토해 내며
기둥을 타고
문지방을 타고
주르르 흘러내리는 모습으로.
혹은 나뭇잎 뒤에 숨어 슬쩍 드러난 얼굴의 기척,
나무들 사이에 숨은 아담의 그림자처럼.

• 고대 그리스 신화의 자연신, 목동신. 숲, 산, 목초지, 아르카디아를 다스린다.

하느님의 셋째 날만큼이나 오래된,
그리고 그만큼이나 선한 존재,
너는 교회가 너를
접붙여 들이기 훨씬 전부터
이미 왕성하게 자라 있었다.
이제 우리는
안내서와 미술사 책 안에
너를 길들이고, 이름 붙이고
가두려 애쓰지만,
너는 다시 터져 나와
돌조차 살아나게 하고,
그 돌을 빵으로 바꾸어
내 안에서 억누를 수 없는 실재에 대한
굶주림을 먹인다.
이 치유하는 온전함,
이 거칠고도 풍성한 생명의 넘침을
우리 안 깊은 곳까지 뿌리내리게 하거라.
—보니 서스턴

경계에 머무는 시들

평화의 쿰

(빅터와 에스더를 위하여)

여기 서 있으면
깊이 패인 상처 골을 내려다보게 된다.
수많은 물길이 파고들어 지워 넣은 자국,
자연이 가진 가장 예리한 칼날.
나는 내가 무언가를 빚는 이인 것 같고,
동시에 빚어진 무엇인 것 같기도 하다.
아직 끝나지 않은 또 하나의 조각.

저 아래에서는
쏟아져 내리는 물살이 우렁차게 부딪치며
화강암 바위에 몸을 던진다.
그 소리가 오히려 이 침묵을 떠받쳐 준다.
기도하기에 합당한 자리.

집 한 채가 앉아 있다,
붓다처럼 고요히.
두 개의 조가비가 한 몸으로 맞붙은 듯한 집.
서늘한 정원 안,
난롯가의 평화가 그곳에 천막을 치고

지빠귀들이

시편 같은 노래를 콸콸 쏟아낸다.

이곳,

인간의 소리로부터 깨끗이 비워진 자리에서

너는 골짜기, 쿰의 은빛 실줄기를 따라갈 수 있다.

아찔한 낭떠러지 옆을 지나

개암나무 떨기 사이를 헤치며,

네 뺨을 스치고 지나가는 가지들의 손길을 느끼면서.

천천히, 조심스레 발걸음을 옮기다 보면

언덕의 심장부를 향해 조금씩 다가가게 된다.

―마이클 우드워드

경계에 머무는 시들

당신의 정원, "한 좋은 장소"

(에스더를 위하여)

저 앞에서 무언가, 바람이었을까,

나무들이 옹기종기 모여

네 햇살 가득한 잔디밭과

키 큰 아네모네들 앞에서

바람을 붙들어 두고 있던 것이?

미끄러운 돌에서 돌로

나는 너를 따라 아래로 내려갔다.

마침내 우리는 함께 보게 되었다,

길고 흰 물줄기가

아무 움직임도 없이 움직이고 있는 것을.

어찌나 깊게 패였는지!

시간이

땅을 갈고 닦아

숨은 바위를 드러내고,

물을 햇빛에서

어둠으로 흘려보낸 뒤,

한 번 더 떨어뜨려

또 다른 모습으로 바꾸어 놓는다.
잠시 동안, 투명하던 물은
바람의 목소리를 지닌 찬란함으로 변한다.

위쪽 가장자리에서는
얼마나 부드럽게 휘돌아 나가는지,
아래쪽 바위 판들을 돌아나올 때에는
이 모든 일을 아무것도 모르는 듯
어찌나 조용한지.
그런데도 그 물은 곧바로 아래로,
아무것에도 붙들리지 않은 채
한 번에 떨어져 내리면서
잠시 동안 우리의 몸에서 숨을 거두어 가고,
한순간, 공기처럼 밝은 물로 우리 안을 가득 채운다.

위쪽에서, 두 물줄기가 마주쳤다.
어둠에서부터 흘러 내려온
두 개의 시냇물,
노래 부르는 두 목소리처럼
서로를 감아 돌며 흐른다.

그들은 높다란 둑에
둥근 자국을 파 놓았다.

물레의 회전을 막아 내며
공간을 비워 내는
도공의 엄지손가락처럼.

너무 빨리 흘러가기에
곧장 앞으로 나아가지 못한 물은
그 자리에서 나선형으로 돈다.
우리는 몇 장의 잎이 아직 가라앉지 않은 채,
노랗게 부유하고 있는 것을 바라본다.

웅덩이 가장자리에서는
맑은 물이 자갈들 사이로
몰래 스며든다.
두 마리 물까마귀가 휙휙 스쳐 지나간다.
예전엔 물고기들이 그러했듯이.

오늘, 오염된 이 물은
자기 안에 생명을 거의 잃어버렸다.
다만, 스스로의 실수들, 스스로의
떨어짐과 정체됨만이
이 물의 생生이다.

이 모든 것이 이 물의 음악이다.

어쩐지 인간의 것과 닮은

그 노래, 거의 사람 같은

허공을 향한 도약.

하지만 이건 아주 작은,

평범한 시냇물일 뿐,

바다에서 바다로 가는 길 위,

어느 구간에 내린 비가

잠시 모여 흐르는 정도.

이것은 인간을 비유한 은유가 아니다.

물질이 움직이는 방식 속에

숨어 있는 어떤 단아함,

그 무엇이든,

가슴을 부수면서도 끝내 붙들고 서 있는 힘.

잠깐의 스침들,

눈과 귀를 스쳐 지나가는 순간의 접촉,

우리 바깥에서 오는 어떤 것의 기척.

그 앞에서 몸을 움찔 조이면—공포.

그 안에서 몸을 열면—하나 됨.

나는 기억한다,

경계에 머무는 시들

네가 몸을 돌려 네 정원으로 돌아가던 모습을.
손에 잡히는 할 일들—
퇴비를 새로 둘 자리,
태울 것들을 둘 새 자리.

네가 그렇게 돌아서는 동안,
두 물줄기는 저마다 다른 목소리들을 섞어 내며
마치 그릇처럼
네 열린 방들을 떠받치고 있었다.
(갑작스러운 고요가 한꺼번에 밀려 들던 시간.)

그리고 저 아래, 무너져 내려 앉은
거룩한 산의 옆구리는
놀라운 침묵의 울음을
조용히 토해 내고 있었다.
애도이자, 찬양인 울음.
—앤 클뤼제나르

시인들

루스 비드굿

'루스 비드굿'이 자신을 소개한 글을 저자가 인용한 것임.

남웨일즈에서 태어나 자랐다. 아버지는 북웨일즈 출신으로 남
웨일즈에서 일했고, 어머니는 잉글랜드 서부 지방 출신이었다.
한동안 웨일즈를 떠나 지낸 뒤, 지금은 다시 웨일즈를 돌아와
중부 웨일즈에 여러 해째 살고 있다. 그래서 나는 스스로를 아
주 깊이 '경계에 사는 사람'이라고 느낀다.

시인으로서 나는 확실성을 잘 믿지 않는다. 오히려 알 수 없는
무지 속, 내가 '정밀함을 보완해 주는 신비'라고 부르는 것 속
에서 더 편안함을 느낀다.

나는 나 자신을 이렇게 묘사하곤 한다. "나는 오래전부터 그늘
속에서 사는 일에 만족해 왔다. 비옥한 불확실성 속에 살며 신

비를 받아들이는 삶에.”

'순교자 클리다우그'는 《늑대들에게 노래를*Sing to Wolves*》(Bridgend: Sern Books, 2000)에서 처음 선보였고, 이후 《풍요의 상징*Symbols of Plenty*》(Norwich: Canterbury Press, 2006)에 다시 실렸다.

'돌*Stone*'은 시집 《주어진 시간*Given Times*》(1972)에 수록되었으며, 이후 《신작 및 선작*New and Selected Poems*》(Bridgend: Seren Books, 2004)에 다시 실렸다. 허락을 얻어 인용하였다.

글렌 카벌리에로

글렌 카벌리에로는 영국 왕립문학협회의 회원이며, 일곱 권의 시집을 펴낸 시인이다. 그는 특히 잉글랜드–웨일즈 접경지, 그중에서도 블랙 마운틴과 와이강 상류 지역을 깊이 사랑한다. 현재 케임브리지에 거주하며 글을 가르치고 있고, 세인트 캐서린스 칼리지*St Catharine's College*의 외부 특별 회원이기도 하다.

'약속의 땅'은 시집 《밤의 정의*The Justice of the Night*》(Leyburn, N. Yorkshire: Tartarus Press, 1997)에 처음 실린 작품으로, 허락을 얻어 인용하였다.

앤 클뤼제나르

앤 클뤼제나르는 벨기에에서 태어나, 잉글랜드, 스코틀랜드, 아일랜드 남부에서 성장했고, 20년이 넘는 세월 동안 웨일즈 접경지의 웬트우드 숲 가장자리에 살고 있다. 앤은 경계성의 감각을 즐기며, 그녀의 작품 제목들에도 그런 정조가 종종 드러난다. 이를테면 《타임슬립: 신작과 선작*Timeslips: New and Selected Poems*》(Manchester: Carcanet, 1997), 《이주*Migrations*》(Blaenau Ffestiniog: Cinnamon Press, 2011) 같은 시집들이 그렇다.

'당신의 정원, "한 좋은 장소"'는 처음에는 '머튼 학술지*The Merton Journal*'에 실렸는데, 부제인 "한 좋은 장소"가 토머스 머튼의 표현에서 온 것임을 알 수 있다. 이 말은 '한 좋은 장소'가 지니는 중요성을 가리키는 머튼의 표현이다. 허락을 받아 인용했다.

프랜시스 호로위츠

프랜시스는 이제 자기 입으로 말할 수 없다. 오직 시를 통해서만 말할 수 있을 뿐이다. 1983년, 겨우 마흔다섯의 나이에 비극적으로 세상을 떠났기 때문이다. 그녀는 오르콥에 묻혀 있는데, 무덤은 블랙 마운틴을 향하고 있다. 나는 그녀가 남편과 어린 아들과 함께 로울스톤 밀에 살던 시절을 기억한다. 웨일즈의 신화적 인물을 두고 그녀가 쓴 몇 줄은, 사실 그녀 자신을 묘사한 것처럼 읽힌다.

이 골짜기를 그녀가 걸었다
나는 기억한다
손에 바람 냄새를 묻히고
이른 봄의 꽃잎 사이, 땅거미 속을 걸어가던 한 여인을…
그녀는 눈에 띄게 아름다웠고, 이곳 좁은 길들을 따라, 그리고 둘레의 언덕들 사이를, 자유롭게 성큼성큼 걸어 다녔다.

'옛 노래'에서 그녀는 카펠 어핀에서 보낸 어느 오후를 기억한다. 이 시는 J. 코핀J. Coppin이 편집한 《세번과 와이 사이Between the Severn and the Wye》(Moreton-in-Marsh: Windrush Press, 1993)에 실려 있다.

'양의 해골을 발견하며'는 《눈빛, 물빛Snow Light, Water Light》(Newcastle upon Tyne: Bloodaxe Books, 1983)에 수록된 작품이다. 어느 해, 4월에 때 아닌 눈이 내렸을 때, 자주난초들이 이르게 꽃을 피우고 있었는데(계절의 경계를 실감나게 넘나드는 순간이었다), 그녀는 그때의 경험을 바탕으로 로울스톤 하이쿠를 썼다. 이 하이쿠들은 헤리퍼드 인근 매들리Madley의 파이브 시즌스 출판사Five Seasons Press에서 한정판으로 아주 아름답게 출간되었고, 그녀는 그 시집을 우리 가족에게 헌정했다. 나는 지금도 계속 그녀의 부재를 애도하는 마음으로, 마지막 하이쿠를 여기에 옮겨 놓고 싶다. 허락을 받아 인용했다.

짙은 자줏빛 담비 털,
사월 눈 속에 고개 숙인 난초들,
좀처럼 열리지 않는 조정朝廷.

보니 서스턴

보니 서스턴은 미국인 신학자이자 시인이다. 그녀가 처음

으로 이 경계의 땅을 발견했을 때, 그리고 그곳을 '신비의 땅'이
라고 부르게 되었을 때, 그녀는 즉시 이곳이 집처럼 느껴졌고, 자
신이 이곳에 속해 있다고 느꼈다. "나는 지리적으로도, 가족사를
통틀었을 때도, '경계의 사람'입니다."

지난 10여 년 동안 그녀는 늘 이곳을 찾는 손님이자 친밀
한 친구들의 작은 무리 중 하나였고, 이 지역 사람들, 살아 있
는 이들과 이미 세상을 떠난 이들에 대해, 그리고 웨일즈 접경지
의 풍경에 대해 폭넓은 이해를 쌓아 온 사람이 되었다. 이 땅에
서 받은 영감으로 태어난 시들은 여기에 실린 네 편을 포함해,
처음에는 마이클 우드워드가 엮은 《심장의 땅들*The Heart's Lands*》
(Abergavenny: Three Peaks Press, 2001)에 발표되었고, 이후 《경계의
소속*Belonging to Borders*》(Collegeville, MN: Liturgical Press, 2011)에 다시
수록되었다. 허락을 받아 인용했다.

마이클 우드워드

마이클은 말 그대로 경계의 마을이라 부를 만한 애버개브
니에서 노라*Norah*와 가족과 함께 살고 있다. 그는 케임브리지에
서 영문학을 공부했고, 인도를 여행하기도 했다. 그의 첫 시집
《서 있는 장소*Place to Stand*》(Abergavenny: Collective Press, 1995)에 대
해, 로완 윌리엄스는 이렇게 평했다. "한 단어도 헛되이 쓰지 않
는 치밀하고도 풍성한 시." 여기에 실린 두 편의 시는 그의 두 번
째 시집 《목마름*Thirst*》(Abergavenny: Three Peaks Press, 2001)에서 가
져온 것이다. 허락을 받아 인용했다.

(23쪽) 데이비드 존스, 〈카펠 어핀의 경관〉

(119쪽) 데이비드 존스, 〈야생 조랑말〉

에릭 길과 그의 가족과 함께 카펠에서 보낸 여러 해 동안, 데이비드 존스(1895-1974)는 "언덕의 강한 박동과 이에 선명하게 맞장구치는 물줄기의 리듬"에 깊은 영향을 받았다. 이곳의 풍경은 늘 변하고 있다. 야생 조랑말들이 언덕 비탈을 이쪽저쪽 떠돌고, 자주 안개가 깔려 빛은 스쳤다가 사라지기를 되풀이한다. 그리고 작은 시냇물들이 흐르는 소리가 끊이지 않는다. 허락을 받아 그림 크기를 조정해 실었다.

(43쪽) 헤리퍼드 대성당 문턱 바닥의 돌, 리처드 킨더슬리 제작

헤리퍼드 대성당의 세 출입구마다 하나씩, 문턱돌이 의뢰되었는데, 이 작품은 그 가운데 북문 현관에 배치하기로 한 주 출입구용 돌이다. 작가 리처드 킨더슬리의 작품으로, 그는 이 돌에 대해 이렇게 말한다. "조개껍데기는 물론 순례의 상징입니다. 문턱과도 잘 어울리는 상징이지요. 우리는 '존재함^{being}'으로 되돌아가는 길을 다시 찾아야 하는데, 나는 언제나 그것을 하나의 순례, 혹은 여정으로 생각해 왔습니다." 허락을 받아 실었다.

(122쪽) 찰스 매카시, 〈스키리드 풍경〉

찰스 매카시는 25년 전 헤리퍼드셔로 이주했다. 그리고 이전까지 자신이 알던 어떤 풍경과도 전혀 다른 규모의 압도감과 극적인 인상을 지닌 풍경을 만나게 되었다. 이 풍경을 '보기'까지는 그에게도 시간이 필요했다.

"사람을 여러 상황 속에서 만나고 서서히 알아가다 보면 결국 그 얼굴과 성격에 익숙해지듯, 이 근처 수많은 인상적인 지형들 가운데 스키리드는 내게 가장 먼저 눈에 익은 얼굴 중 하나였습니다. 모습 자체가 세잔^{Cézanne}의 생트 빅투아르 산을 떠올리게 했거든요.

어떤 때는 이 언덕들과 골짜기들이 지닌 규모와 무겁게 깔린 존재감 때문에 약간 압도당하는 느낌이 들기도 했지만, 그럴수록 익숙한 윤곽, 곧 높고 고결한 품위와 오래됨, 심지어 거룩함까지를 드러내는 그 실루엣 안에서 위안을 느꼈습니다." 허락을 받아 그림 크기를 조정해 실었다.

(117쪽) 에드거 홀러웨이, 카펠 어핀 〈교회 문과 주목나무들〉

지명 카펠 어핀은 '경계 위의 자리, 국경의 장소'라는 뜻을 가지고 있는데, 이곳이 란소니 밸리와 헤이온와이 사이 고개 아

래에 자리 잡고 있다는 점을 생각하면 더없이 어울리는 이름이
다. 그의 미망인에 따르면, 에드거 홀러웨이는 이 작은 교회를 자
주 그렸다고 한다. 1914년에 태어나 2008년에 세상을 떠난 그는
말년에 이르러 다시 "뒤엉키고 낭만적인 웨일즈 접경지의 풍경"
으로 돌아왔다.

(156쪽) 존 닐슨, 〈원형을 이루는 돌기둥들〉

붉은 사암은 근처 마이클처치 에스클리^{Michaelchurch Escley}의
채석장에서 가져온 것으로, 이 돌 조형물은 모노 밸리 예술센터
^{Monnow Valley Arts Centre}앞에 '예술과 기억' 설치의 일부로 세워져 있
다. 존 닐슨은 이 작업에 대해 이렇게 설명한다. "각 돌에는 돌이
캐내어진 곳, 곧 역사적으로 '에우야스 레이시^{Ewyas Lacy}'라 불린
헤리퍼드셔 남서부 지역의 한 지명이 세 가지 혹은 네 가지 버전
으로 새겨져 있습니습니다. 맨 아래(땅과 가장 가까운)의 표기는 문
헌에서 확인되는 가장 오래된 형태이고, 맨 위는 현재 쓰이는 이
름이며, 그 사이에 다른 중간 형태들이 들어 있습니다. 이 작업의
의도는 언어가 한 세대에서 다음 세대로 전해져 갈 때, 그 속에
담긴 연속성과 변화를 동시에 드러내고자 하는 것입니다. 그렇
게 해서 언어가 일종의 '살아 있는 기념비'라는 것을 보여 주려
는 것이지요."

들어가며

1. Esther de Waal, *Lost in Wonder: Rediscovering the Spiritual Art of Attentiveness* (Norwich: Canterbury Press, 2003; Collegeville, MN: Liturgical Press, 2003).

2. Graham Greene, *The Lawless Roads* (London: Penguin Books, 1939), 19.

3. L. William Countryman, *Forgiven and Forgiving* (Harrisburg, PA: Morehouse Publishing, 1998), 1-2.

4. Paul Hill, 'The Art of David Jones', *David Jones* (London: Tate Gallery Publications Departments, 1991)

1. 경계가 있는 풍광

1. David Jones, *Epoch and Artist* (London: Faber, 1959), 51.

2. R. S. Thomas, *Collected Poems 1945-1990* (London: Phoenix, 1993), 207. 인용을 허락받았다.

3. Bonnie Thurston, *The Heart's Lands* (Abergavenny: Three Peaks Press, 2001), 33. 인용을 허락받았다. 시 전문은 147쪽에 수록되어 있다.

4. 내가 베네딕트회와 시토회 전통 안에서 질서의 역할에 관해 써 온 많은 글들 밑바닥에는 바로 이 주제가 흐르고 있다.

5. *A History of the Benedictine Priory of the Blessed Virgin Mary and St Florent at Monmouth* (Aberystwyth: Cambrian Printers, 2001).

2. 때와 계절: 빛과 어둠 사이 건너기

1. David Scott, *Sacred Tongues: The Golden Age of Spiritual Writing* (London: SPCK, 2001), 6.

2. 지도에 관해서는 이제 흥미로운 자료들이 매우 많이 나와 있다. 그 가운데 가장 짧고도 좋은 입문서는 다음을 참고하라. Meryl Jancy, *Mappa Mundi: A Brief Guide* (Hereford: Hereford Cathedral Enterprises, 1995).

3. 레오 대교황.

4. 다음을 참고하라. Alexander Carmichael, "Carmina Gadelica," Esther de Waal, ed., *The Celtic Vision: Prayers, Blessings, Songs, and Invocations from the Gaelic Tradition* (London: Darton, Longman & Todd, 1988; Liguori, MO: Liguori/Triumph, 2001). 뒤이어 나오는 켈트 자료 인용문들은 모두 내가 엮어 널리 읽힐 수 있도록 펴낸 이 선집에 온전한 형태로 수록되어 있다. 지금 인용한 대목은 151쪽에서 가져온 것이다.

5. John Davies, *God at Work: Creation Then and Now—A Practical Exploration* (Norwich: Canterbury Press, 2001), 12.

6. Douglas Dales, *Christ the Golden Blossom: A Treasury of Anglo-Saxon Prayer* (Norwich: Canterbury Press, 2001), 17.

7. George Mackay Brown에서 인용하였다. 출처는 미상.

8. Brigid Boardman and Philip Jebb, *In a Quiet Garden: Meditations and Prayerful Reflections* (Stratton on the Fosse: Downside Abbey Books, 2000). 여기서 인용한 모든 구절은 82-88쪽에 있는 "계절" 부분에서 가져온 것이다.

3. 삶의 변화를 끌어안기

1. Robert W. Fynn, *The Lost Bone* (London: Avon Books, 1996), 20-21.

주

2. 이 죽음의 축복문들을 채집하던 알렉산더 카마이클이 들었다고 한다. 다음을 참고하라. Esther de Waal, ed., *The Celtic Vision: Prayers, Blessings, Songs, and Invocations from the Gaelic Tradition* (London: Darton, Longman & Todd, 1988; Liguori, MO: Liguori/Triumph, 2001), 112; 133.

3. Esther de Waal, *The Celtic Vision*, 66.

4. Francis Duff, *The Art of Passingover* (New York: Paulist Press, 1988), 153.

5. Walter Brueggemann, *Hopeful Imagination: Prophetic Voices in Exile* (Philadelphia: Fortress Press, 1986).

6. Brueggemann, *Hopeful Imagination*.

다음으로 넘어가기 전: 성인들과 천사들과 함께 건너기

1. D. Gwenallt Jones, 'St. David'. 전문은 다음을 참고하라. *Threshold of Light: Prayer and Praises in the Celtic Tradition*, eds A. M. Allchin and Esther de Waal (London: Darton, Longman & Todd, 1986, re-issued, 2004, 29-41; (미국 판) *Daily Reading from Prayers and Praises in the Celtic Tradition* (Springfield, IL: Templegate, 1986). © University of Wales Press, 인용 허락을 요청.

2. Ruth Bidgood, *Singing to Wolves* (Bridgend: Seren Books, 2000), 29. 인용을 허락받았다.

3. Ruth Bidgood, *Selected Poems* (Bridgend: Seren Books, 1992), 34. 인용을 허락받았다.

4. 안과 밖을 잇기

1. L. William Countryman, *Living on the Border of the Holy: The Human Priesthood and the Church* (Harrisburg, PA: Morehouse Publishing, 1999).

2. Mick Hales, *Monastic Gardens* (New York: Stewart, Tabori & Chang, 2000), chap. 1, 'The Cloister Garth', 14-30.

3. John Dunne, *The House of Wisdom* (London: SCM Press, 1985).

4. 대화의 기술이라는 것은 더 온화할 뿐만 아니라, 배워 갈 수 있는 하나의 기예이기도 하다. 이 작지만 중요한 지점을 분명히 짚어 준 윌리엄 컨트리먼에게 고마움을 느낀다. 그의 설명 덕분에 나 자신의 경험을 훨씬 더 또렷한 관점에서 다시 바라볼 수 있게 되었다. (Countryman, *Living on the Border of the Holy*, 205, note 27; 204, note 26). *A Vow of Conversation*은 Basingstoke, England에서 the Lamp Press에 의해 1988년에 출간되었다.

5. Thomas Merton, *Woods, Shore, Desert: A Notebook*, May 1968 (Santa Fe: Museum of New Mexico Press, 1982), 48.

5. 때와 때 사이의 시간

1. John Howard Griffin, *The Hermitage Journals: A Diary Kept While Working on the Biography of Thomas Merton* (ed. Conger Beasley Jr; Garden City, NY: Image Books, 1983), 49.

2. Howard Griffin, *The Hermitage Journals*, 1.

3. Howard Griffin, *The Hermitage Journals*, 47-48.

4. Howard Griffin, *The Hermitage Journals*, 73.

5. *The Guardian*, 17 February 2002.

6. Mary Morrison, *Let Evening Come: Reflections on Aging* (New York: Doubleday, 1998), 139.

7. 시집으로 출간되지 않았음에도 이 책에 싣도록 허락해 준 보니 서스턴에게 감사의 마음을 전한다.

8. Antjie Krog, *Country of My Skull* (Johannesburg, South Africa: Random House, 1998), 99.

9. Wilhelm Verwoerd, *My Winds of Change* (Randburg, South Africa:

Ravan Press, 1997).

10. Douglas Dales, *Glory: The Spiritual Theology of Michael Ramsey* (Norwich: Canterbury Press, 2003). 46, 15, 5.

11. Johnston McMaster, 'Celtic Resources for a Peace Process', *Celtic Threads: Exploring the Wisdom of Our Heritage*, ed. Padraigin Clancy (Dublin: Veritas, 1999), 96-98.

12. *Benedictine Bridge: The Journal of the Sisters of St Benedict* (Madison, WI: Advent, 2000). 1992년, 미국 위스콘신Wisconsin주 매디슨Madison에 있는 로마 가톨릭 성 베네딕트 수녀회Sisters of St Benedict는 성 베네딕트의 《규칙서》를 따르는 새로운 에큐메니컬 수도 공동체를 세워 가는 비전 있는 여정을 시작했다.

13. Jonathan Sacks, *The Dignity of Difference: How to Avoid the Clash of Civilizations* (London: The Continuum Publishing Group, 2003); 《차이의 존중》, 임재서 옮김, 말글빛냄, 2007.

14. *Church Times*에서 인용했다.

15. 다음을 참고하라. William Johnston, *Mirror of the Mind* (London: Collins Fount, 1981), 10-11, 14.

16. 다음을 참고하라. John W. Kiser, *The Monks of Tibhirine: Faith, Love, and Terror in Algeria* (New York: St Martin's Press, 2002).

17. 다음을 참고하라. Esther de Waal, *Living with Contradiction: An Introduction to Benedictine Spirituality* (Norwich: Canterbury Press,1997; Harrisburg, PA: Morehouse Publishing, 1997).

18. Sr Jennifer Dines, *A Touch of Flame: An Anthology of Contemporary Christian Poetry*, comp. Jenny Robertson (London: Lion Paperbacks, 1989), 25.

19. 나는 다음 책의 28쪽에서 많은 통찰을 얻었다. Margaret Wheatley, *Leadership and the New Science: Discovering Order in a Chaotic World* (San Francisco: Bennett-Koehler Publishing, 1999), 28.

후기

1. 다음을 참고하라. 밀리챕 피스 펀드Millichap Peace Fund 녹음 자료, 'From Certainty to Uncertainty: From Dogma to Dialogue', 헤리퍼드 대성당, 2001년 9월 13.

2. John Inge, *A Christian Theology of Place* (Aldershot: Ashgate, 2003, reprinted 2007).

3. 세 편의 시에서 짧은 부분들을 발췌해 인용했다. 먼저 'Aspects of Stone'은 연작 'The Land' 가운데 한 편으로, 이 연작은 처음에 *The Fluent Moment* (Bridgend: Seren Books, 2004), 46쪽에 발표되었고, 이후 루스 비드굿, *Symbols of Plenty* (Norwich: Canterbury Press, 2006), 31쪽에 다시 수록되었다. 'a language half-recognised'라는 구절은 시 'The Well'에 나오며, 이 시는 *Time Being* (Bridgend: Seren Books, 2009), 40쪽에 실려 있다. 마지막 인용문은 'Kindred'에서 가져온 것으로, *New and Selected Poems* (Bridgend: Seren Books, 2004), 215쪽에 수록되어 있다.

4. Charles MacCarthy, 'Fields of Colour'. 2010년 4월 런던 피어스 피덤 갤러리Piers Feetham Gallery에서 전시된 최근 회화들에 관한 내용으로, 이후 개인적인 편지에서 더 자세히 설명되었다.

5. 'Walking through Woods'. 다음에 수록되었다. *Landscapes on the Edges: Poems of the Wye Valley and Welsh Border*, eds Margot Miller and Sue Sharpe (Ross-on-Wye: Fineleaf, 2010), 59.

6. *The Portfolios of Ansel Adams*, ed. John Szarkowski (New York: Little, Brown & Co, 1977).

7. Ron Seitz, *Song for Nobody: A Memory Vision of Thomas Merton* (Liguori, MO: Liguori/Triumph, 1993), 33-34. 머튼의 사진 대다수는 다음 내 책에 수록되어 있다. *A Retreat with Thomas Merton: A Seven-day Spiritual Journey* (Norwich: Canterbury Press, re-issued 2010).

8. H. J. Massingham, *The Wisdom of the Fields* (London: Collins, 1945), 157.

9. Fernando Caruncho, *Daily Telegraph*, 2010년 5월 8일.

10. *Moon Tiger* (London: Andre Deutsch, 1987), 68.

11. 1986년 11월 2일의 설교.

12. 'Merthyr Clydawg', Bidgood, *Symbols of Plenty*, (이 책의 96쪽 참고.)

13. D. Gwenallt Jones (1899-1968), 'St David'. 이 시는 내가 반복해서 읽고 또 읽는 시이다. (41쪽을 참고하라.) © University of Wales Press, 인용 허락을 요청.

14. 종이에 구아슈와 연필, 19×13cm, 1925. 이 작품은 테이트 미술관Tate Gallery이 소장하고 있다. 내가 여기에서 말한 일부는 전시 도록 *Cross Purposes* (2010, Mascalls Gallery, Paddock Wood, Kent) 192쪽에 크게 빚지고 있다.

15. 'Pa Beth Yw Dyn?' ('What is Man?'), Chapter IV: 'Shaping Holy Lives', *The Oblate Life*, ed. Gervase Holdaway OSB (Norwich: Canterbury Press, 2008), 155.

16. 다음에서 인용했다. A. M. Allchin, 'Afterword,' Bidgood, *Symbols of Plenty*.

17. '우리의 상징적 정체성의 생동적인 역할the vital role of our symbolic identity'에 대해 다음 책에 썼다. *Seeking Life: The Baptismal Invitation of the Rule of St Benedict* (Norwich: Canterbury Press, 2008), 34-42; Collegeville, MN: Liturgical Press).

18. Kilian McDonnell, *The Baptism of Jesus in the Jordan: The Trinitarian and Cosmic Order of Salvation* (Collegeville, MN: Liturgical Press, 1996), 75.

19. *American Benedictine Review*, 57:2, 2006년 6월, 228-29.

20. 1870년 3월 14일

21. Jonathan Montaldo, *Dialogues and Silence* (London: SPCK, 2002), xi.

경계를 살다

이민희

신학과 종교철학을 공부하고 있고, 그리스도교 사상과 종교철학 관련 글을 우리말로 옮기는 일을 한다. 옮긴 책으로 《신 개념의 역사: 과정적 접근 방법》, 《켈트 기도의 길: 다시 깨어나는 거룩한 상상력》, 《무엇이 좋은 도시를 만드는가: 공공신학과 도시 교회》, 《처치걸: 성경적 여성을 형성한 역사 속 결정적 장면들》, 《페미니스트 종교철학》, 공역으로 《우리가 예배하는 하나님: 전례 신학 탐구》, 《다시 읽는 아우구스티누스: 유한자의 조건과 무한자의 부르심》 등이 있다.

경계를 살다

에스더 드발
이민희 옮김

2026년 4월 7일 초판 1쇄 발행

펴낸이 김도완
등록번호 제2021-000048호
　　　　 (2017년 2월 1일)
전화 02-929-1732
전자우편 viator@homoviator.co.kr

펴낸곳 비아토르
주소 서울시 종로구 삼일대로 428, 500-26호
　　　 (우편번호 03140)
팩스 02-928-4229

기획 자캐오
제작 제이오

편집 김은홍
인쇄 민언프린텍

디자인 임현주
제본 다온바인텍

ISBN 979-11-94216-38-4 03230
저작권자 ⓒ 비아토르 2026